Introduction

Les femmes ont toujours travaillé, mais la cécité à l'égard de leur travail repose sur la « valorisation abusive mais signifiante du travail "productif" [qui] a érigé en seules travailleuses les salariées » [Perrot, 1978]*. Pourtant, comme celle des hommes, leur activité s'est déployée à la ferme, dans la boutique, dans l'atelier artisanal. Mais la contribution des femmes à la production familiale, pour le marché ou l'autoconsommation, a été saisie de façons diverses selon des conventions statistiques qui ont elles-mêmes leur histoire.

Mettre au jour une histoire occultée par une historiographie écrite essentiellement au masculin, tel a été le moteur de la première vague de recherches dans la décennie 1970. Dans le sillage de l'histoire des mentalités et de l'anthropologie de la France, elles se sont surtout intéressées aux travaux dévolus aux femmes dans les sociétés traditionnelles, favorisant une vision de la pérennité des domaines attribués aux femmes et de la perpétuation d'une culture féminine au fil du temps.

Les bilans critiques [Farge, 1984 ; Scott, 1986] ont mis l'accent sur un triple écueil : constituer l'histoire des femmes en domaine séparé se développant à côté de l'histoire au masculin ; fonder une vision de la division des rôles ancrée dans la différence biologique des sexes ; ne voir que les continuités liées à l'oppression ou à la domination des femmes. Or c'est vers une histoire relationnelle — des rapports entre hommes et femmes — et dynamique — centrée sur les mutations, les transformations, les

* Les références entre crochets renvoient à la bibliographie en fin d'ouvrage.

transitions — que s'orientent les travaux depuis les années 1980. C'est la grille de lecture adoptée dans cet ouvrage.

Si le terme de « genre » a mis beaucoup de temps pour traverser l'Atlantique, la nécessité d'une histoire relationnelle des deux sexes voit le jour en France dès les années 1980 [Thébaud, 1998]. Histoire, sociologie, anthropologie se sont nourries mutuellement pour voir les « rapports de sexe » comme le produit d'une construction sociale. Au-delà des conceptualisations diverses de ces rapports, il ne s'agit pas de faire l'histoire des femmes ou du féminin, mais des rapports sociaux entre les sexes : « Quels que soient les objets traités, l'histoire des femmes est celle de leurs rapports, individuels et collectifs, réels et symboliques, à l'autre sexe ; il s'agit de faire l'histoire de ces rapports à tous les niveaux : discours, représentations, pratiques effectives... ; d'articuler aussi rapports de sexe et rapports de classe » [Perrot, citée par Thébaud, 1998, p. 116].

Ainsi, l'approche du travail et de l'emploi des femmes n'implique nullement l'autonomisation d'un groupe de sexe. Il s'agit au contraire de saisir les dynamiques des rapports de genre qui fondent les divisions et les inégalités entre les sexes, d'identifier les continuités, mais surtout les discontinuités au cours du temps, de se dégager d'une vision linéaire des évolutions pour percevoir les contradictions, les retours en arrière, les « formes paradoxales d'émancipation » [Muel-Dreyfus, 1996].

La famille est fréquemment perçue comme le lieu où se reproduit la domination masculine et où trouve son origine la place infériorisée des femmes dans le monde du travail. On montrera au cours de la première partie que la séparation entre famille et production a une histoire qui se confond avec celle de l'industrialisation et de la généralisation du rapport salarial. La construction des catégories savantes qui font le partage entre ce qui est considéré comme travail et ce qui ne l'est pas, entre population active et population inactive, au cours des recensements de la fin du XIXe siècle, contribue aussi, en instituant des normes et des représentations sociales, à repousser aux marges du travail une partie de l'activité laborieuse des femmes, effectuée notamment dans le cadre domestique. À partir de la fin du siècle, l'activité laborieuse se différencie en effet en activité (pour soi ou pour autrui, gratuite ou indirectement rétribuée), travail (activité de production de biens et de services contre rémunération) et emploi (qui définit les liens entre l'individu et le marché du travail).

Une périodisation classique guide la démarche adoptée. Un découpage chronologique propre à l'histoire du travail des femmes se heurterait à deux obstacles : celui d'isoler le devenir des femmes de celui des hommes et celui de considérer le groupe des femmes comme homogène, donc susceptible de connaître les mêmes changements aux mêmes rythmes. Or les rapports de genre se modulent selon l'appartenance de classe, voire de « race », même si ce dernier aspect est peu étudié en France par rapport aux études menées dans les pays anglo-saxons.

À chaque période étudiée, la fin du XIXe siècle, l'entre-deux-guerres et le XXe siècle, l'accent est mis sur les figures dominantes du travail des femmes : quelles sont les modalités du recours à la main-d'œuvre féminine ? Comment se compose et se recompose la division du travail entre hommes et femmes ? Qu'est-ce qui fait qu'une tâche, une activité, un métier sont considérés comme féminins ou masculins ? Quelles sont les conditions sociales de l'entrée des femmes dans des fonctions et des métiers « masculins » ? Quels sont les processus de professionnalisation des activités des femmes ? Autant de questions qui n'appellent pas de réponse unique.

Une seconde série d'interrogations concerne les débats, voire les conflits qui ont accompagné l'entrée des femmes dans le monde du travail ou leur afflux dans certaines professions. Les frontières entre univers masculin et féminin font l'objet de définitions socialement constituées et d'un travail symbolique jamais achevé de légitimation. Elles sont, particulièrement durant les périodes de transition ou de crise, de véritables enjeux sociaux. Syndicalistes, réformateurs, féministes alimentent ces débats.

Enfin, chaque période étudiée voit la mise en place de législations qui ont contribué à réguler la participation des femmes au marché du travail. Ces législations relèvent aussi bien de politiques de l'emploi que de politiques de la famille. Mais qu'il s'agisse de protéger les ouvrières, de limiter le droit au travail des femmes ou d'aménager les relations entre la vie professionnelle et la vie familiale, les premières comme les secondes s'appuient sur la place des femmes dans la famille pour légiférer sur le travail. Derrière la travailleuse se profilent l'épouse et la mère.

I / Le travail des femmes au début de l'industrialisation

Comparée à sa voisine d'outre-Manche, la France a connu un développement économique original. Alors qu'en Angleterre l'industrialisation, amorcée dès les années 1850, s'accélère au détriment de l'agriculture, la France reste surtout agricole [Verley, 1995].

L'industrialisation se fait lentement à partir d'unités de petite taille. Elle s'alimente à trois sources : la dissémination de la fabrication des produits dans les campagnes recourant au travail à domicile des familles paysannes (la « proto-industrialisation ») ; la petite production artisanale urbaine ; enfin la fabrique. Alors que l'industrie rurale et artisanale s'appuie sur la famille comme unité de production et de reproduction, la fabrique scelle la coupure entre ces deux sphères.

À la suite de l'ouvrage de H. Villermé [1840], les observateurs sociaux ont insisté sur la rupture dans les conditions de vie, introduite par l'irruption du travail salarié dans les fabriques et ses effets néfastes sur la moralité et la santé des membres des classes laborieuses, notamment des femmes et des enfants. L'historiographie a repris largement ce schéma de développement économique et la vision misérabiliste de la classe ouvrière naissante qui en découle. Mais, dans les vingt dernières années, ce modèle a été remis en question de différentes façons.

Loin de se succéder selon un processus linéaire, les différentes formes de production — dispersées dans les foyers et concentrées dans les usines — se sont nourries mutuellement. Ce n'est qu'au cours du dernier quart du XIXe siècle que s'affirme la grande industrie et que s'impose le salariat sans pour autant exclure le travail à domicile [voir notamment Noiriel, 1986 ; Dewerpe, 1989]. En outre, la notion de régularité d'emploi, impliquant un seul lieu de travail pendant plusieurs années, un temps de travail et un salaire réguliers, est anachronique, souligne E.P. Thompson à propos de la classe ouvrière anglaise [1963]. De nombreux historiens ont insisté sur la mobilité des membres de milieux populaires en France : passage de l'agriculture à l'industrie, d'une industrie à une autre, de l'atelier ou de la boutique à l'usine. Le salariat est ainsi demeuré tout au long du XIXe siècle un lien fluctuant et fragile [Castel, 1995].

Les historiennes du travail des femmes, en tentant de rendre compte de la multiplicité des formes de l'activité laborieuse des femmes et des logiques sociales de la division sexuelle du travail, ont contribué à mettre en question l'opposition entre travail au sein de l'unité domestique et travail salarié. Ces travaux, notamment ceux de Michelle Perrot ou d'Arlette Farge, ont montré que le travail des femmes ne s'est jamais réduit aux tâches effectuées au sein du ménage. Avant l'industrialisation massive ou la montée des emplois salariés dans les services, des femmes exerçaient des métiers de façon indépendante et l'activité de la ménagère était loin de se réduire à l'espace du foyer. Inversement, le travail à domicile n'a pas disparu avec la concentration industrielle. Selon Joan Scott [1991], l'accent mis sur la séparation entre foyer et travail a conduit à accentuer les différences entre hommes et femmes, à faire de la travailleuse un problème social.

L'opposition entre main-d'œuvre masculine et féminine, qui se forge au cours du XIXe siècle, ne peut alors se ramener à celle entre un salariat régulier masculin et un salariat sporadique des femmes dont l'activité se déploierait d'abord dans la sphère domestique. D'où la nécessité d'analyser les formes de recours à la main-d'œuvre selon le sexe et celles que revêt la division sexuelle du travail, chantier encore largement ouvert.

Les activités indépendantes des femmes

Depuis le Moyen Âge, l'activité artisanale est contrôlée par les corporations qui réglementent l'apprentissage et l'accès à la maîtrise, défendent leurs membres contre la concurrence extérieure, en veillant au respect du monopole sur le marché, et limitent la concurrence entre artisans en leur interdisant de dépasser un certain volume de production. Quelques métiers sont exercés uniquement par les femmes, principalement dans le travail de la soie ou la fabrication de vêtements (les lingères, brodeuses, bonnetières, modistes...). Au XVIIIe siècle, nombre de femmes peuvent ainsi exercer un métier de façon indépendante [Truant, 1996]. Dans les corporations mixtes ou féminines, les femmes ont librement accès à la maîtrise et forment des apprenties, mais elles sont souvent exclues de la fonction de juré permettant d'exercer le pouvoir de direction de la corporation, qui reste alors aux mains des hommes.

La notion de métier dans le sens corporatif impliquant un savoir-faire et la possession d'un outil de production, reconnus de façon institutionnelle, ne s'applique qu'à une partie des activités féminines. Les travaux multiples effectués par les femmes peuvent-ils être qualifiés de métier ?

À la campagne comme à la ville, dans les familles dénuées de bien, les femmes se livrent à de multiples activités. À la campagne, elles se louent dans les fermes comme journalières, filent, cousent, tricotent, cultivent des potagers, élèvent des volailles et vendent leur production au marché. Autour des villes, elles deviennent aussi nourrices, accueillant les enfants des urbaines occupées dans l'atelier familial ou la boutique. Cette pratique, de plus en plus controversée, se maintient cependant tout au long du XIXe siècle parmi les familles d'artisans ou de boutiquiers, alors que les familles plus aisées recourent plus volontiers à des nourrices à domicile [Martin-Fugier, 1978].

Les villes offrent de nombreuses opportunités de travail aux femmes. Certaines tiennent de petits commerces, d'autres sont charretières, démarcheuses, marchandes ambulantes, blanchisseuses, tenancières de pension, etc. Ces « petits » métiers exercés par les femmes des milieux populaires dans les villes du XVIIIe siècle survivent au siècle suivant. Dans la confection, le travail à domicile continue de s'étendre au XIXe siècle avec la machine à coudre, suscitant des formes particulières d'exploitation : les rythmes de travail des ouvrières en chambre sont soumis aux impératifs de la production pour de très faibles rémunérations (ce qui a été qualifié de *sweating system*). Les activités de la ménagère débordent l'espace exigu du logement et utilisent toutes les opportunités de la ville et du quartier. Les réseaux d'interconnaissance et d'entraide entretenus par les femmes constituent une ressource indispensable. Comme le souligne

M. Perrot [1979], « glaneuses éternelles », les femmes sillonnent les quartiers, souvent accompagnées et aidées par leurs enfants.

La famille comme unité de production : l'industrie rurale et l'atelier urbain

La diffusion de l'industrie rurale à domicile s'est effectuée au cours des années 1760-1800 et a largement perduré pendant le XIXe siècle. Le travail industriel effectué à domicile permet d'améliorer des conditions de vie précaires. Mais son extension correspond aussi à des stratégies familiales d'enracinement rural.

L'industrie textile a été dominante dans ce processus de proto-industrialisation. Elle s'est greffée sur l'unité domestique agricole au sein de laquelle les activités ménagères, la production agricole pour l'autoconsommation ou la vente sont étroitement imbriquées. Quand on évoque la manufacture, on oublie souvent qu'elle est en réalité constituée de deux parties interdépendantes et d'importance variable selon les industries : la fabrique elle-même et les ateliers à domicile dirigés par un maître employant sa femme et ses enfants, et parfois des aides rémunérés.

Dans le cadre de la pluriactivité des familles rurales, Olwen Hufton [1992] note une certaine variabilité de la division du travail entre les sexes : dans le tissage par exemple, les femmes et les enfants sont les auxiliaires du chef de famille ; dans d'autres cas, l'activité ne concerne que les femmes, comme la fabrication de dentelles. Dans tous les cas, le travail des femmes est indispensable à la bonne marche de l'atelier artisanal ou du commerce, fabrication et vente étant fréquemment liées. Les femmes se chargent de la préparation et de la finition du travail et relaient leur mari. Ainsi, à Lyon au XVIIIe siècle, les ouvriers de la soie épousent fréquemment des femmes qui leur apportent, outre une dot, un savoir-faire acquis dans l'atelier familial ou la fabrique [Garden, 1975]. Les épouses s'occupent aussi de la vente des produits, tiennent les comptes, surveillent apprentis, domestiques ou filles de boutique.

Une des critiques adressées par les historiennes aux analyses consacrées au système de la production domestique est le peu d'attention portée à la division sexuelle du travail et aux rapports de pouvoir entre hommes et femmes [Frader et Rose, *in* Frader et Rose (dir.), 1996]. Il semble aller de soi que le travail des époux est complémentaire, la femme pouvant concilier soins du ménage et participation à la production. Arlette Farge [1986] souligne le caractère ambigu de la position de la femme du maître : ses tâches sont larges et imprécises, « servante affairée de son mari », elle est sous sa dépendance tout en jouissant d'une véritable autorité, renforcée par les absences fréquentes de son mari qui traite ses affaires à l'extérieur.

Les rapports de pouvoir au sein de l'unité domestique ne sont pas indépendants des formes de domination qu'exercent les marchands fabricants sur les ménages travaillant à domicile. Ils tirent profit « des formes de domination sociale qui existent dans la société traditionnelle et notamment dans l'univers domestique. Ils profitent ainsi de la soumission des femmes et des enfants pour leur faire accomplir les travaux les plus ingrats qui sont aussi les moins bien payés » [Noiriel, 1986, p. 66]. Les rémunérations des productions féminines (dentelles, broderie par exemple) sont ainsi toujours plus faibles que celles des productions masculines (comme le tissage). Cette différence ne peut s'expliquer par une moindre complexité des travaux effectués par les femmes, comme le montre l'exemple de la dentelle, qui exige un long apprentissage, souvent commencé très jeune. La dépréciation des travaux de femmes semble alors tenir plus au statut du sexe féminin au sein de la famille et de la société qu'à la nature des tâches accomplies.

À la fin du XVIIIe siècle et au cours de la première moitié du XIXe siècle, les femmes se sont opposées au machinisme et à la concentration industrielle, comme en témoignent les exemples rassemblés par M. Perrot [1979]. Elles sont présentes aux côtés des hommes au cours des émeutes contre l'introduction des machines. Elles s'insurgent également contre le transfert dans les fabriques du travail qu'elles effectuaient à domicile. Elles s'attaquent violemment aux internats d'usines et ouvroirs, qui, faisant travailler gratuitement les jeunes filles, leur font une concurrence déloyale.

Les femmes manifestent ainsi, comme les hommes, leur résistance aux menaces d'enfermement, de contrôle du temps et des corps et de la dévalorisation de leur travail que représentent le machinisme et la discipline qui règnent dans les établissements industriels. Défendent-elles alors pour autant une place et des formes de travail spécifiques à leur sexe — le travail à domicile et l'opportunité qu'il est censé offrir de concilier le travail industriel et le travail ménager ? La question reste entière.

Le travail des femmes dans les fabriques

C'est dans l'industrie textile que s'impose d'abord le recours au travail salarié des femmes et des enfants. La première filature à vapeur établie par Milne à Orléans en 1791 emploie essentiellement une main-d'œuvre féminine et enfantine. Il en est de même chez Dollfus-Mieg à Mulhouse au début du XIXe siècle. Pendant le second Empire, l'industrialisation se poursuit dans le Nord, en Normandie et en Picardie.

L'appel à la main-d'œuvre féminine relève de plusieurs facteurs [Guilbert, 1966a]. Tout d'abord, la mécanisation a concerné des productions assurées par les femmes à domicile comme la filature. Privées de leur travail, les femmes ont alors dû accepter de travailler en atelier. Dans d'autres cas, l'introduction de machines et l'emploi de la vapeur ont rendu le travail moins pénible et ont permis de simplifier les tâches ; aussi les ouvriers à domicile ont-ils été remplacés par des ouvrières regroupées dans les fabriques. Le coût peu élevé de la main-d'œuvre féminine et enfantine (les salaires des femmes et des enfants n'atteignent que la moitié de ceux des hommes) a été fortement incitatif, permettant de réduire les frais de fabrication et de compenser le coût des machines.

Dans les années 1850-1860, l'industrie textile est dominante et emploie la majorité des ouvrières des fabriques. Cependant, les femmes commencent à pénétrer d'autres secteurs de la production. Madeleine Guilbert, en s'appuyant sur l'enquête industrielle publiée de 1847 à 1852, remarque que c'est dans les branches ayant connu un développement récent que l'on trouve les proportions les plus élevées de femmes (et d'enfants) : dans l'industrie du papier, où la mécanisation s'intensifie depuis 1827 ; dans la fabrication du sucre de betterave ; dans la production de faïence fine ou encore dans la conserverie. Dans la métallurgie, les femmes sont peu nombreuses et surtout employées dans les fabrications légères (quincaillerie, fabrication des clous ou des épingles). Il en est de même dans les mines, où cependant des femmes trient et lavent le charbon à la surface, alors que les enfants des deux sexes poussent les wagonnets au fond.

Au milieu du XIXe siècle, on voit ainsi se dessiner une division du travail entre les sexes, qui s'appuie en grande partie sur un modèle traditionnel, mais manifeste également une tendance à remplacer une main-d'œuvre masculine dotée de savoir-faire reconnus par des femmes qui en sont dénuées. Cette substitution ne s'effectue pas cependant sans un changement du processus et des conditions de travail.

Travail des femmes et cycle de la vie familiale

L'étude du travail des femmes selon les moments de la vie familiale (mariage, naissance et éducation des enfants...) constitue une des perspectives les plus fécondes, car elle offre une vision dynamique des formes de travail et met en lumière les mobilités au cours de la vie. Ainsi, l'opposition entre travail salarié, travail à domicile, activités multiples en ville ou à la campagne s'estompe, de nombreuses femmes passant d'une forme d'activité à une autre en se mariant, en ayant des enfants ou selon les caractéristiques du marché du travail local, ou encore de l'activité et du revenu de leur mari.

Telle est la perspective adoptée par L. Tilly et J. Scott dans leur étude effectuée à Roubaix, Anzin et Amiens à partir des listes nominatives des recensements dans les décennies 1860-1900 [1978]. Elles montrent que l'activité féminine dépend des cycles de la vie familiale : les jeunes filles exercent un travail à plein temps, comme ouvrières ou domestiques, qu'elles poursuivent éventuellement les premières années de leur mariage. Après la naissance des enfants, beaucoup cessent toute activité salariée. Généralement, dans les familles ouvrières, le travail des enfants est « préféré » à celui des femmes. Aussi, dès que les enfants sont en âge de travailler, les mères quittent la fabrique. Elles ne reprennent une activité salariée que par intermittence pour faire face aux aléas lorsque le mari est malade ou sans emploi, ou quand elles se retrouvent seules. Les politiques des employeurs renforcent cette tendance en réservant les emplois réguliers et (relativement) mieux rémunérés aux femmes célibataires.

Mais, en quittant la fabrique, les mères de famille ne deviennent pas pour autant « inactives ». Car, dans les milieux populaires, on attend que les femmes contribuent d'une façon ou d'une autre aux revenus familiaux, la naissance des enfants se traduit par un changement d'activité bien plus souvent que par un repli sur la sphère domestique.

Le travail des jeunes ouvrières. Les ateliers-couvents

Au milieu du XIXe siècle, les ateliers-couvents dirigés par les religieuses sont nombreux. Ils accueillent des jeunes filles pauvres entre douze et vingt et un ans. Les parents préfèrent ces institutions aux ateliers dirigés par un maître car ils pensent que les filles y reçoivent une meilleure éducation. Elles sont censées apprendre à lire et à écrire en plus de l'apprentissage d'un métier, et le caractère religieux de l'établissement apparaît comme une garantie de leur moralité. En outre, pendant une dizaine d'années de travail, elles ont la possibilité d'accumuler une dot pour se marier.

Le premier internat, celui de Jujurieux dans l'Ain, créé en 1835, représente le modèle le plus achevé de l'internat industriel [Vanoli, 1976]. Dès sa fondation, de même que les grands internats ouverts postérieurement, il est équipé de moteurs mécaniques et les ouvrières y effectuent toutes les opérations du travail de la soie, de la filature au tissage. Il allie la discipline de l'usine — l'atelier est dirigé par un patron et le travail est surveillé par des contremaîtres — et la rigueur du couvent, assurée par les religieuses.

Au XIXe siècle, malgré l'instauration de la gratuité de l'enseignement primaire en 1867 puis de l'obligation scolaire en 1882, la scolarité reste brève et sporadique, particulièrement pour les filles [Prost, 1968]. L'expérience du travail commence tôt, comme aide au sein de la famille, comme domestique ou comme ouvrière. En se mariant, la jeune fille de milieu populaire change généralement d'activité, mais ne cesse pas de contribuer aux revenus familiaux.

II / La question de la mesure (1850-1900)

Définir le travail : les recensements de 1851 à 1896

Comment englober sous une définition commune du travail — et donc nécessairement abstraite — les diverses formes d'activité qui coexistent au XIXe siècle ? Comment imposer une définition de la profession dans laquelle puissent se reconnaître les cultivateurs et les patrons d'industrie, les femmes qui aident leur mari, celles qui exercent de petits métiers ou les ouvrières ? Des notions qui semblent aujourd'hui évidentes, comme l'attribution d'une profession à chaque individu, et la distinction entre une population active et une population inactive, se sont progressivement imposées au fil des recensements dans la seconde moitié du XIXe siècle. Les hésitations, les retours en arrière, les compromis manifestent la difficile élaboration de ces catégories savantes ainsi que les ruptures qu'elles ont impliquées avec les représentations profanes. C'est ce cheminement d'une durée de près d'un demi-siècle qu'il faut retracer pour rendre compte de la perception du travail des femmes.

L'activité laborieuse des femmes a posé d'épineux problèmes aux concepteurs des catégories censées saisir, classer, dénombrer de façon exhaustive et rigoureuse toute forme de travail. Elle a été au centre des décisions successives qui ont abouti à des notions aujourd'hui familières. Aussi, loin d'être un obstacle à la connaissance sur la longue durée du travail féminin, le processus d'élaboration des conventions statistiques révèle les représentations diverses et concurrentes du travail qui ont prévalu durant cette période.

Saisir les évolutions du travail sur une longue période

Est-il possible de retracer les évolutions quantitatives du travail sur une longue période ? L'historiographie a fait un usage fréquent des chiffres des recensements du passé, et, pour permettre les comparaisons à travers le temps, les a souvent corrigés et regroupés selon les nomenclatures et les définitions plus récentes. Cette opération est-elle légitime ? La parution de l'ouvrage d'Olivier Marchand et Claude Thélot, *Deux Siècles de travail en France* [1991], a relancé le débat (voir *Genèses*, n° 9, octobre 1992).

Ce débat s'est noué autour de la question de l'autonomie ou de la dépendance du chiffre au regard des catégories qui l'ont produit. O. Marchand et C. Thélot postulent une « autonomie partielle entre l'outil et ses conditions de naissance » ; ce qui autorise à apprécier les « ordres de grandeur » des évolutions étudiées, indépendamment des changements des conventions de mesure, en formulant des hypothèses raisonnées et en s'appuyant sur les travaux des historiens. Cet ouvrage (republié sous une autre forme en 1997) aborde l'évolution de la population active, celle de la durée et de la productivité du travail.

Pour Alain Desrosières [1992], il paraît au contraire illégitime de disjoindre la mesure de sa construction. Car la mesure des faits sociaux dépend des conventions sur lesquelles s'appuie leur définition. Dans cette optique, les chiffres obtenus ne sont pas de simples fluctuations aléatoires autour d'une « valeur vraie ». Compter suppose ainsi une « procédure sociale de qualification » de ce qui est dénombré. C'est le cas de la population active, dont la notion même est liée à l'extension d'un marché du travail salarié et à l'émergence du droit du travail qui codifie progressivement le statut de salarié. Aussi, la comparaison des taux d'activité d'une période à l'autre pose problème, non seulement parce que le contenu de la population considérée comme active varie au cours du temps, mais surtout parce que « la nature de son identification et de sa mesure éventuelle n'est plus du tout la même ».

Christian Topalov [1992] pose également le problème de l'anachronisme : « Est-il légitime d'appliquer au passé les catégories de représentation du présent ? » Mais il déplace la question en proposant de regarder « ces variations non comme des obstacles à la connaissance mais comme des indices ». Indices des « logiques propres aux représentations des statisticiens et aux enjeux de celles-ci », que l'on peut alors tenter de mettre au jour.

La notion de profession

C'est lors du recensement de 1851 qu'est introduite pour la première fois une question sur la profession. Cette notion ne recouvre alors que très partiellement ce qu'on peut entendre aujourd'hui sous ce terme. Jusqu'à la Seconde Guerre mondiale, les travailleurs sont caractérisés par la nature du produit (ou du service) fruit de leur activité (activité collective, ou secteur d'activité) et non par leur profession individuelle. Ce n'est qu'alors que « se clarifient nettement les distinctions entre les concepts d'activité collective, activité individuelle et position sociale » [Desrosières, 1977, p. 164]. Préalablement, le découpage des activités individuelles ou professions reste marqué par le modèle des métiers issus des corporations. La transmission familiale des savoir-faire et du patrimoine, la représentation des rapports de travail sur le mode des relations familiales induisent une vision du monde qui « constituera toujours un arrière-plan par rapport auquel les découpages suivants se situeront explicitement ou non » [Desrosières et Thévenot, 1996, p. 11].

Cette vision corporative du travail se combine progressivement avec une représentation en termes de classes, selon laquelle la position sociale (ou, selon les termes utilisés par les contemporains, selon la « situation dans la profession ») est prise en compte, les « chefs » sont ainsi distingués des « ouvriers » et des « employés ». La distinction entre salariés et non-salariés s'affine peu à peu. L'idée même que n'est attribuée une profession qu'à ceux qui en exercent concrètement une ne s'impose que difficilement. Ainsi, les « propriétaires vivant exclusivement de leurs revenus » ou les « rentiers » sont classés, selon les années, dans la catégorie des professions libérales ou dans les catégories résiduelles constituées des personnes sans profession et des personnes au statut inavouable, comme les filles publiques. À l'opposé, les domestiques devront attendre la fin du siècle avant de se voir reconnus comme appartenant à la population « active ».

On peut supposer que la tension, lourde d'enjeux politiques, entre deux représentations concurrentes du monde du travail, l'une sur le modèle corporatif familial, l'autre en termes de position sociale individuelle sous-tendue par l'idée de classe, éclaire en partie les fluctuations des catégories élaborées. Celles-ci oscillent en effet entre un relevé individuel et un relevé familial des professions, et — de ce fait — les notions de population active et inactive seront tardivement fixées [Topalov, 1998, 1999].

Relevé individuel ou familial des professions

Le premier recensement qui rassemble des renseignements sur la profession, en 1851, opte pour un relevé individuel : à chaque individu, homme ou femme, est affectée une profession. La catégorie des individus sans profession comprend les femmes vivant

Tableau 1. — **Exemple du recensement de 1876** (en milliers)

	Individus exerçant directement les professions ou emplois comme								Membres de la famille et domestiques vivant du travail des précédents				Total général		
	Chefs ou patrons		Commis ou employés		Ouvriers		Journaliers, hommes de peine, concierges, etc.		Famille		Domestiques attachés à la personne				
	Hommes	Femmes	Hommes	Femmes	Hommes	Femmes	Hommes	Femmes	Hommes	Femmes	Hommes	Femmes	Sexe masculin	Sexe féminin	Total
Agriculture	3 495	411	82	54	589	378	922	704	3 764	7 243	662	664	9 514	9 454	18 968
Industrie	899	227	143	50	1 555	1 046	305	244	1 592	2 993	78	143	4 571	4 703	9 274
Commerce et transport	563	221	247	71	198	56	140	80	661	1 346	66	188	1 874	1 963	3 837
Professions libérales	389	134	97	17	1	4	17	11	220	466	37	141	761	770	1 531
Personnes vivant exclusivement de leurs revenus	524	420	6	5	"	"	34	46	241	514	98	263	903	1 248	2 152
Total des catégories classées	5 870	1 413	575	197	2 343	1 484	1 418	1 087	6 478	12 562	941	1 399	17 625	18 139	35 764
Mendiants, vagabonds, filles publiques inscrites	"	"	"	"	"	"	"	"	"	"	"	"	27	44	71
Professions inconnues	"	"	"	"	"	"	"	"	"	"	"	"	90	120	210
Total égal à la population recensée nominativement	"	"	"	"	"	"	"	"	"	"	"	"	17 742	18 303	36 045
Population comptée à part	"	"	"	"	"	"	"	"	"	"	"	"	631	229	861
Population totale													18 374	18 532	36 906

Source : d'après Desrosières [1977, p. 205].

du travail ou du revenu de leur mari et les enfants en bas âge à la charge de leurs parents. Mais le recensement suivant marque, selon nos représentations actuelles, une régression vers un relevé familial, qui classe sous la profession du chef de famille sa femme, ses enfants, à condition qu'ils n'exercent pas d'autre profession, leurs domestiques, leurs employés ainsi que la famille et les domestiques de ces derniers. Cette classification, qui n'est pas sans évoquer la maison nobiliaire passée, vise à répondre à la question suivante : « Quel est le nombre d'individus que fait vivre, directement ou indirectement, chaque profession en France ? Il en résulte que la statistique de toute profession contient non seulement les chefs de famille qui l'exercent mais encore [...] toutes les personnes pour lesquelles elle est un moyen d'existence commun » [*SGF*, 1856, p. XXXIIJ].

La raison invoquée pour l'abandon du relevé individuel est en apparence technique : difficultés rencontrées par les agents municipaux chargés des opérations du recensement et volume de travail trop important. Le bulletin individuel n'existe pas avant 1876, aussi les agents municipaux inscrivent-ils eux-mêmes les informations, et, l'usage de visiter chaque famille n'étant pas généralisé, ils se fondent le plus souvent sur la notoriété publique.

C'est sur la difficulté de connaître la situation des femmes et des enfants qu'achoppe le relevé individuel, « les moyens de s'assurer, surtout dans les centres de population, si la femme et les enfants ont ou non des revenus, des profits ou des salaires en dehors de ceux du mari ou des parents manquant à peu près absolument » [*SGF*, 1856, p. XL].

À partir du recensement de 1866, les deux perspectives — individuelle et familiale — coexistent jusqu'au recensement des industries et professions de 1896. Il s'agit alors de répondre à deux questions : la première concerne la profession des individus en exerçant une, la seconde, le nombre de personnes à charge que les titulaires de chaque profession font vivre.

La distinction entre population active et population inactive

Parallèlement à la substitution d'un relevé individuel des professions au relevé par famille, définitivement fixée en 1896, s'élabore une représentation radicalement nouvelle du travail qui conduit à distinguer la population active de la population inactive. Cette distinction s'appuie sur la définition du travail comme travail marchand, procurant une rémunération directe soit par la vente de biens et de services, soit par la perception d'un salaire.

Le classement du travail des femmes, des enfants et des domestiques est au centre de ce processus [Topalov, 1999]. Le travail des maîtresses de maison ou des ménagères et celui des domestiques sont considérés jusqu'à la fin du siècle de la même façon, peu importe alors qu'il s'agisse ou non d'un travail rémunéré. En Grande-Bretagne, la même assimilation entre femmes au foyer et domestiques, regroupés au sein de la « classe domestique », prévaut jusqu'en 1881, où les épouses sont alors classées dans la population inactive.

Dans les deux pays, c'est la désagrégation de cette « classe domestique » ou de la catégorie de « personnes à charge » qui sera la condition de la distinction entre population active et inactive au sens moderne. En 1896, en imposant une vision du travail comme strictement marchand, le recensement réserve la notion de profession à l'exercice d'une activité rémunérée, tel est le cas des domestiques. Corrélativement, « les individus qui vivent du revenu d'autrui sans être rémunérés au sens ordinaire du mot » sont classés parmi les personnes sans profession. Ainsi en est-il de la femme « faisant exclusivement son propre ménage » [*SGF*, 1896, t. 4, p. XIII]. La conception du travail comme activité rémunérée écarte ainsi définitivement les femmes effectuant le travail domestique pour leur propre famille des rangs de la population « active ».

L'émergence des chômeurs

La séparation entre actifs et inactifs amène à statuer sur le cas des personnes qui déclarent une profession sans l'exercer, et particulièrement sur les personnes « sans emploi » [Topalov, 1994]. Cette séparation en implique alors une seconde : celle qui existe entre profession et emploi. La profession est attachée à l'individu, l'emploi se définit par la rencontre entre l'individu et le marché. La conception marchande de l'activité s'étend alors aux capacités de travail de l'individu lui-même. La définition du chômeur s'élabore à partir d'un double tri parmi les individus. Tout d'abord, il s'agit de différencier ceux qui sont hors d'état de travailler (comme les vieillards ou les invalides) et ceux qui sont aptes au travail. Parmi ces derniers sont distingués les salariés réguliers d'un établissement momentanément sans emploi, des travailleurs irréguliers aux marges du salariat.

La décennie 1880 est marquée par d'intenses débats sur les assurances ouvrières et, en 1883 et 1886, ont lieu des manifestations de sans-travail. Il devient urgent aux yeux des réformateurs de se doter des outils permettant une connaissance plus précise du monde du travail. En 1891 est créé à cet effet l'Office du travail [Luciani et Salais, 1990], qui contribuera à introduire dans le recensement de 1896 une question sur le chômage. Les chômeurs seront alors dorénavant comptés dans la population active.

Aux frontières entre salariat et non-salariat : les « isolés »

Le recensement de 1896 s'appuie sur une conception de la population active séparée entre des patrons ou chefs d'établissement et des salariés. Le salariat s'impose comme lien régulier et durable avec un établissement, qui sera progressivement codifié dans le droit du travail. Mais la catégorie du salariat se révèle difficile à mettre en œuvre car elle se heurte à la permanence de petits producteurs au statut incertain : « Travailleurs autonomes disséminés, n'employant personne et ne travaillant sous la direction de personne » [*SGF*, 1896, t. 1, p. 9]. Il s'agit de petits indépendants travaillant pour eux-mêmes ou pour des donneurs d'ordre, artisans à domicile à la tâche ou pour une clientèle, ouvriers dépendants de plusieurs patrons. Une catégorie spéciale, celle des « isolés », est créée afin de regrouper l'ensemble hétérogène de ces travailleurs. À travers les commentaires des recensements, on perçoit l'embarras des statisticiens face à cette catégorie fourre-tout et les efforts effectués pour savoir si ces « isolés » sont plus proches des salariés ou des patrons. Pourtant, cette catégorie perdure jusqu'en 1936 [Desrosières et Thévenot, 1996, p. 13].

Classer l'activité des femmes

Les multiples façons dont ont été classées les activités des femmes sont autant d'indices de la manière dont les concepteurs des recensements, les agents chargés du recueil et les personnes elles-mêmes se représentent les rapports de genre : « Les femmes oscillent entre diverses conventions de classement, parce que leur travail, quel qu'il soit, domestique, participant à la petite production marchande, ou même salarié, a toujours une pluralité de significations sociales, et est donc susceptible de plusieurs traitements statistiques » [Desrosières, 1977, p. 164].

Le cas des femmes participant à l'entreprise familiale

Il apparaît particulièrement contraire au sens commun de vouloir classer dans des catégories distinctes les différents membres de la famille participant à l'entreprise familiale, qu'il s'agisse d'exploitations agricoles, d'ateliers artisanaux ou de commerces.

D'après les rapports des recensements, la tendance aurait été de classer les épouses sous la profession de leur mari quelle que soit leur activité. Cela se traduit par une féminisation importante de la catégorie des « chefs de famille ou d'exploitation ». Ce fait est relevé dans le rapport du recensement de 1866, qui tente alors de clarifier les notions permettant de distinguer les « vrais titulaires des professions » de « ceux qui en vivent » : « En ce qui concerne la famille d'un patron, d'un ouvrier ou d'un employé, il a été expliqué que la femme (non chef d'établissement ou ne travaillant pas de ses propres mains) et les enfants doivent figurer à la colonne famille, lorsqu'ils n'exercent pas de profession distincte » [*SGF*, 1866, p. XLIII]. L'insistance apportée de nouveau en 1872 montre que, concernant une femme mariée, la notion de « profession distincte » et son application continuent de poser problème.

Ce cas de figure sera tranché en 1896. Il est alors précisé que les femmes « occupées à la fois à leur ménage et à une industrie qu'elles exercent en propre soit dans un atelier, soit chez elles » doivent être classées suivant cette industrie. En revanche, le cas des femmes qui travaillent avec leur mari est plus délicat « parce qu'il est souvent à peu près impossible de déterminer si la part qu'elles prennent à l'exploitation est notable ou insignifiante » [*SGF*, t. 1, p. 40]. Ainsi, dans le cas des femmes, toute activité effectuée à domicile et ne donnant pas lieu à une rémunération distincte pose un problème de caractérisation dans le cadre d'une définition strictement marchande du travail. En outre, seule la profession principale est retenue, or les femmes cumulent souvent plusieurs activités.

Le recensement de 1896 cherche à éviter les inexactitudes qui résultent des définitions floues appelant des réponses subjectives. Les notions de profession (ou d'activité individuelle), d'établissement, etc., sont ainsi précisées, alors que la procédure même de recueil de l'information devrait permettre un dénombrement d'autant plus exact que les renseignements individuels sont recoupés avec ceux qui concernent les établissements dans lesquels les personnes exercent leur activité.

Cependant, cette rigueur ne s'applique que partiellement à l'activité des femmes au sein de l'entreprise familiale, activité qui fait l'objet de conventions de classement très inégalement observées.

L'augmentation constante, lors des recensements suivants, de la population active féminine et notamment du nombre de femmes classées « chefs » témoigne que ces instructions n'ont pas été appliquées systématiquement.

Le cas des femmes exerçant une profession distincte

Théoriquement, ce cas n'aurait pas dû poser de problème si l'on en croit les instructions des rapports des recensements. Mais outre le fait que ces instructions ont été difficilement suivies, la notion même de profession s'applique difficilement aux femmes. Elle se réfère en effet plutôt au modèle masculin du travail : les maîtres et compagnons des ateliers artisanaux ayant acquis leur position à travers les règles institutionnelles auxquelles est subordonné l'accès au métier, les membres des professions libérales, pour lesquels la profession représente un état, un signe de statut social, qu'ils l'exercent ou non, les salariés des grandes entreprises, qui bénéficieront au cours du siècle de droits attachés à l'exercice de leur travail. Le cas des femmes salariées ne pose en principe pas de problèmes de classement. Mais on peut penser que le caractère intermittent du travail de nombre de femmes, la fréquente pluri-activité alors que seule est retenue la profession principale, les petits métiers ont été négligés dans les comptages, comme le soulignent maintes historiennes.

« Le classement des femmes est souvent affaire d'interprétation »

Ce commentaire issu du rapport du recensement de 1896 [*SGF*, t. 4, p. XV] résume la représentation la plus commune de l'activité féminine. D'après Alain Desrosières, les difficultés rencontrées pour analyser l'activité depuis le milieu du siècle

« sont révélatrices de l'écart entre la réalité d'une époque et les représentations sociales de cette même époque, décalées ou lacunaires ». Une de ces lacunes est l'incapacité à « donner place à certains aspects des relations sociales, par exemple à tout ce qui concerne les femmes » [1977, p. 164]. S'agit-il d'une « lacune » ou d'un mode dominant de pensée qui perdure au cours du siècle concernant le statut des femmes — et donc leur activité ? On peut en effet penser que le passage à un relevé individuel des professions n'a pas aboli la vision dominante des femmes comme dépendantes des membres masculins de leur famille. La conception des salaires masculins et féminins émise par Jean-Baptiste Say en est un des aspects les plus prégnants. Alors que les salaires des hommes sont censés assurer non seulement leur propre survie mais aussi celle des membres de leur famille « naturellement » à leur charge, ceux des femmes leur permettent à peine de survivre si elles n'appartiennent pas à une famille qui contribue à leur entretien. Cette vision du salaire féminin comme un salaire d'appoint traversera les âges et les familles de pensée. En outre, pour Jean-Baptiste Say, le travail des femmes est « moins productif pour la société que celui des hommes » [1842, cité par Scott, 1991]. Le Code civil, en privant les femmes des droits civiques et en consacrant la dépendance de la femme mariée à l'égard de son époux, donne un fondement juridique à cette conception de la femme comme personne statutairement dépendante.

Les femmes elles-mêmes se représentent difficilement comme appartenant au monde productif au cours du XIXe siècle, comme en témoigne l'enquête des trois mille familles, qui étudie les professions déclarées par les individus au moment de leur mariage et au moment du mariage de leurs enfants entre 1803 et 1902. Alors que l'acte de mariage de 3 % de garçons seulement ne mentionne pas de profession, c'est le cas pour près de la moitié des jeunes filles et pour près des trois quarts de leurs mères ou belles-mères [Motte et Pelissier, 1992].

La prééminence accordée au travail masculin transparaît dans la conception des catégories qui repose largement sur une vision masculine de l'activité, érigée en modèle général. Le travail des femmes dans sa diversité apparaît alors comme autant de difficultés à résoudre.

L'activité des femmes à travers le recensement de 1896

Selon le recensement de 1896, un tiers des femmes (de tous âges) est compté dans la population active et les femmes représentent un tiers des actifs (tableau 1).

Cinq « professions » regroupent près de 90 % des femmes : l'agriculture, le travail des étoffes et le vêtement, le service domestique, le commerce, enfin l'industrie textile. Dans l'agriculture et le commerce, elles représentent autour d'un tiers des actifs (mais rappelons les difficultés de comptage des femmes dans l'exploitation ou le commerce familial). En revanche, elles dominent dans le travail des étoffes et du vêtement (87 %) et le service domestique (81 %). Elles constituent aussi la moitié des travailleurs de l'industrie textile. Plus de quatre femmes sur cinq occupées dans les industries de transformation le sont dans le travail des étoffes et l'industrie textile. Dans ces deux secteurs, les femmes sont concentrées essentiellement dans l'industrie de la soie et la fabrication de dentelles pour l'industrie textile (plus des trois quarts des femmes) ; dans le blanchissage et le repassage (93 %), la fabrication de vêtements (89 %) et la chapellerie (78 %) pour le travail des étoffes.

La présence non négligeable des femmes parmi les « professions libérales » tient essentiellement aux institutrices (surtout dans le privé), qui représentent 58 % des enseignants.

Concentration des travailleurs des établissements et travailleurs isolés

La seconde industrialisation qui marque la dernière partie du XIXe siècle se manifeste par une concentration croissante des travailleurs et l'extension du salariat. Quelle place tient la main-d'œuvre féminine dans ce processus ? Les tableaux du recensement distinguent le personnel des établissements selon qu'il s'agit de patrons, d'employés ou ouvriers. Mais cette distinction est peu fiable et permet difficilement de chiffrer une population clairement salariée au sens moderne du terme, du fait de l'importance des « isolés ». En revanche, la taille des établissements par professions donne une indication sur la concentration des travailleurs dans les établissements, ainsi que sur l'extension du travail isolé (tableau 2).

La production reste peu concentrée à la fin du siècle : dans une majorité de secteurs, les ouvriers et employés travaillent dans des établissements employant de une à dix personnes. En outre, le travail dans de petits établissements et le travail isolé vont généralement de pair.

Les secteurs où les travailleurs sont les plus concentrés, comme les mines, la métallurgie ou les industries d'État, recourent peu à la main-d'œuvre féminine. L'industrie textile constitue une exception : 90 % des ouvriers et employés travaillent dans des établissements de plus de dix personnes, les femmes représentant plus de la moitié de la main-d'œuvre. Mais cette concentration de l'industrie textile s'accompagne d'une proportion relativement importante de travailleurs isolés, composés essentiellement de femmes : 27 % des femmes sont « isolées », et elles représentent 61 % de cette catégorie.

Le travail isolé concerne autant les hommes que les femmes (22,9 % de la population active masculine, 23,7 % de la population active féminine). Mais, dans les professions où les femmes sont les plus nombreuses, le travail isolé et le travail dans de petits établissements dominent nettement. Par exemple, dans l'industrie des étoffes et vêtements, 58 % des ouvriers et employés travaillent dans des ateliers de une à dix personnes ; la moitié des femmes de ces professions sont « isolées », et les femmes constituent 94 % des travailleurs isolés de ce secteur.

Ainsi, à la fin du siècle, les femmes sont largement laissées à l'écart d'un mouvement de concentration industrielle qui ne concerne que des secteurs fortement masculinisés.

La population active par âge

Les femmes au travail sont proportionnellement plus nombreuses parmi les plus jeunes et, à l'inverse, elles quittent le marché du travail plus tôt que leurs homologues masculins, quelles que soient la profession et la position occupée. Rappelons que, depuis les années 1880, l'âge légal du travail est de treize ans (document 1).

Hommes et femmes sont plus âgés lorsqu'ils sont chefs d'établissement ou « isolés » (catégories qui se recoupent fréquemment) que lorsqu'ils sont ouvriers ou employés d'un établissement ou encore domestiques. La répartition par âge des chefs d'établissement apparaît très proche selon le sexe ; cette similitude se retrouve parmi les travailleurs isolés de l'agriculture et du commerce. Dans ces deux secteurs, il est en effet fréquent que les époux travaillent ensemble, et on devient rarement « chef » ou « isolé » avant vingt-cinq ans. En revanche, les jeunes gens, prétendants à la succession, et les jeunes filles, dans l'attente du mariage, sont souvent ouvriers ou employés.

Les disparités entre les sexes sont nettement plus marquées parmi les « salariés », ouvriers et employés des établissements, surtout dans l'industrie, et parmi les domestiques : à peine un tiers des hommes, ouvriers et employés, ont moins de vingt-cinq ans, pour près de la moitié des femmes ; parmi les domestiques, ces proportions sont de un quart parmi les hommes contre près de la moitié chez les femmes.

Les « isolées » sont plus âgées que les ouvrières, surtout dans les industries les plus féminisées, il est possible que les femmes passent d'un mode de travail à l'autre en vieillissant, comme le suggèrent les monographies de l'époque. Ainsi, dans l'industrie textile, 51 % des ouvrières ont moins de vingt-cinq ans et seulement 15 % ont plus de trente-quatre ans ; ces proportions s'inversent parmi les isolées : un quart ont moins de vingt-cinq ans et plus de la moitié ont dépassé trente-quatre ans. Dans la confection de vêtements (qui comporte 90 % de femmes), les deux tiers des ouvrières ont moins de vingt-cinq ans, près d'une isolée sur deux a plus de trente-quatre ans.

Les chefs d'établissement sont le plus fréquemment mariés, suivis par les travailleurs isolés, les ouvriers et employés étant le moins souvent mariés (tableau 3). La proportion de mariés est fortement liée à l'âge : les patronnes accèdent souvent à ce statut par le mariage, les ouvrières et employées des établissements, le plus souvent jeunes, sont encore célibataires. Au total, on compte seulement un quart de femmes mariées parmi le personnel des établissements et un tiers dans l'industrie.

Tableau 2. — **Population active par profession en 1896**

	Ensemble	Femmes	Proportion de femmes (%)
	Effectifs (en milliers)		
Pêche	*71 624*	*5 236*	*7,3*
Forêts et agriculture	*8 429 306*	*2 754 593*	*32,7*
Mines	156 376	3 446	2,2
Carrières	70 423	1 313	1,9
Industries extractives	*226 799*	*4 759*	*2,1*
Industries mal désignées	7 756	880	11,3
Industries de l'alimentation	444 573	81 460	18,3
Industries chimiques	84 061	9 143	10,9
Papier, carton, caoutchouc	58 332	24 287	41,6
Industries du livre	82 535	15 749	19,1
Industries textiles proprement dites	901 299	463 217	51,4
Travail des étoffes, vêtement	1 303 649	1 135 553	87,1
Travail des pailles, plumes, crins	34 208	12 260	35,8
Cuirs et peaux	334 702	46 453	13,9
Industries du bois	677 593	37 273	5,5
Métallurgie	55 910	794	1,4
Travail du fer, de l'acier, des métaux divers	607 695	31 774	5,2
Travail des métaux fins, bijouterie	26 515	8 198	30,9
Taille de pierres précieuses	4 384	1 717	39,2
Taille et polissage des pierres	55 494	1 773	3,2
Terrassements, construction en pierre	552 578	2 518	0,5
Travail des pierres et terres de feu	145 740	15 898	10,9
Industries de transformation	*5 377 024*	*1 888 947*	*35,1*
Manutention et transport	*712 491*	*160 760*	*22,6*
Commerces divers	1 492 921	555 981	37,2
Commerce forain, spectacles, agences, etc.	57 605	12 645	22,0
Banque, assurances	51 530	2 453	4,8
Commerce, spectacle, banque	*1 602 056*	*571 079*	*35,6*
Professions libérales	*338 006*	*138 460*	*41,0*
Soins personnels	52 087	6 418	12,3
Service domestique	903 051	731 523	81,0
Soins personnels, service domestique	*955 138*	*737 941*	*77,3*
Services de l'État, des départements ou communes	*688 782*	*104 648*	*15,2*
Industrie ou profession inconnue	42 553	16 235	38,2
Ensemble	*18 443 779*	*6 382 658*	*34,6*

Source : *Résultats statistiques du recensement des industries et professions* (dénombrement général de la population du 29 mars 1896), Imprimerie nationale, Paris, 1899, t. IV, p. XVIII.

Tableau 3. — **Proportion d'employés et d'ouvriers dans les établissements de 1 à 10 personnes et proportion de travailleurs isolés par profession**

	Proportion d'ouvriers et d'employés travaillant dans des établissements employant de 1 à 10 personnes (%)*	Proportion de travailleurs isolés** dans chaque profession	
		Hommes	Femmes
Pêche	80,0	39,8	12,4
Forêts	57,5	30,8	3,5
Agriculture	94,7	18,9	15,0
Mines	0,3	0,2	0,0
Carrières	28,8	11,7	0,0
Industries de l'alimentation	67,0	8,5	0,7
Industries chimiques	15,4	2,1	0,7
Papier, carton, caoutchouc	9,2	0,6	3,0
Industries du livre	21,3	4,2	3,8
Industries textiles proprement dites	9,2	8,7	26,9
Travail des étoffes, vêtement	58,2	3,3	55,5
Travail des pailles, plumes, crins	49,2	25,5	22,9
Cuirs et peaux	41,9	30,9	21,0
Industries du bois	63,8	30,5	20,5
Métallurgie	0,2	0,0	0,0
Travail du fer, de l'acier, des métaux divers	34,0	15,7	11,9
Travail des métaux fins, bijouterie	33,8	5,9	6,9
Taille de pierres précieuses	46,4	16,7	39,1
Taille et polissage des pierres	54,6	28,0	8,1
Terrassements, construction en pierre	49,6	22,2	1,8
Travail des pierres et terres de feu	21,7	2,2	2,3
Manutention et transport	22,6	6,2	0,9
Commerces divers	70,4	16,1	37,4
Spectacles, agences	54,0	34,4	40,7
Banque, assurances	28,4	9,9	4,8
Professions libérales	50,2	23,8	29,8
Soins personnels, coiffure, bains, etc.	93,5	25,6	32,3
Service de l'État, des départements, des communes	0,2	0,0	0,0
Ensemble	***	22,9	23,7

* % parmi les ouvriers et employés des établissements de chaque profession [t. IV, p. LXXXIII].

** % d'isolés dans chaque profession [t. IV, p. 198-199]

*** non disponible.

Document 1. — **Répartition de la population active par âge et sexe**

a) RÉPARTITION PAR ÂGE DES CHEFS D'ÉTABLISSEMENT. HOMMES

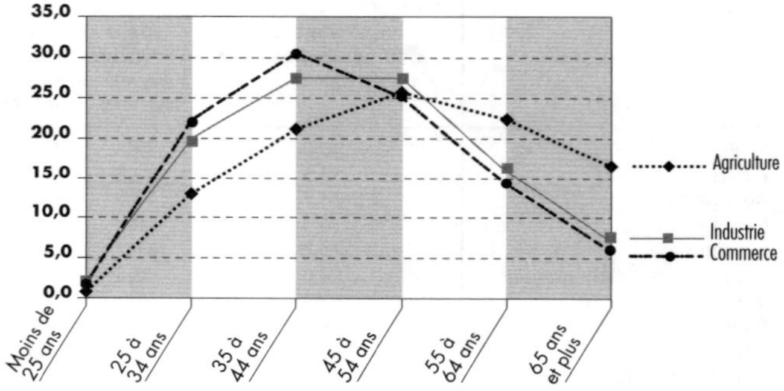

b) RÉPARTITION PAR ÂGE DES CHEFS D'ÉTABLISSEMENT. FEMMES

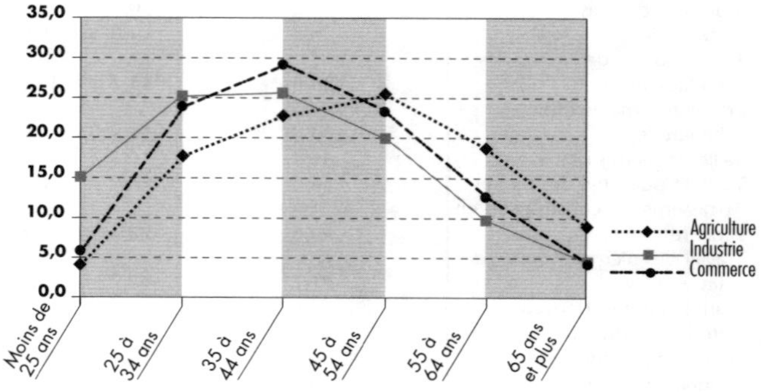

Source : [t. IV, p. LXXXVIII].

c) RÉPARTITION PAR ÂGE DES EMPLOYÉS ET OUVRIERS DES ÉTABLISSEMENTS. HOMMES

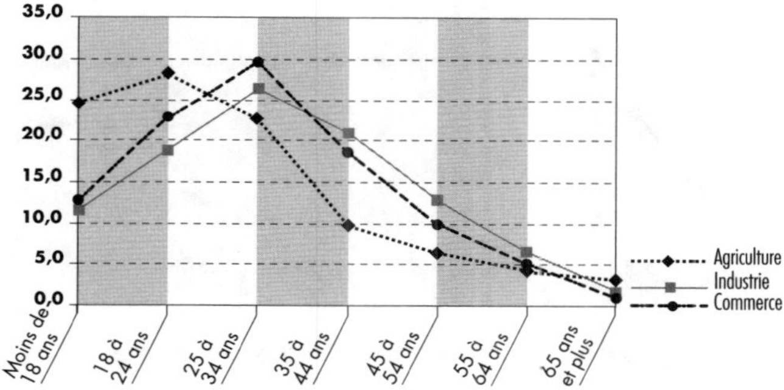

d) RÉPARTITION PAR ÂGE DES EMPLOYÉES ET OUVRIÈRES DES ÉTABLISSEMENTS. FEMMES

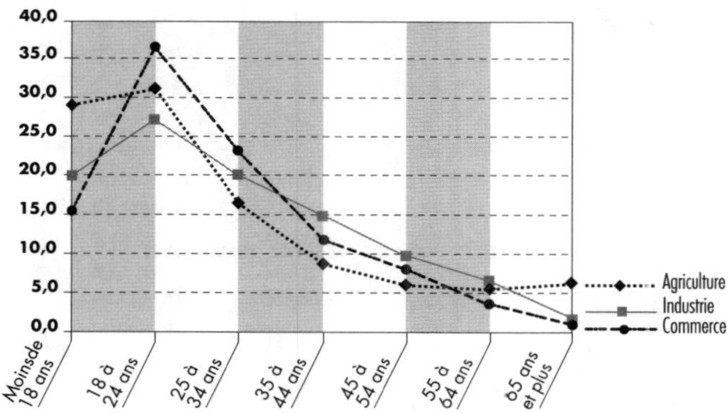

Source : [t. IV, p. XCII].

e) RÉPARTITION PAR ÂGE DES TRAVAILLEURS ISOLÉS. HOMMES

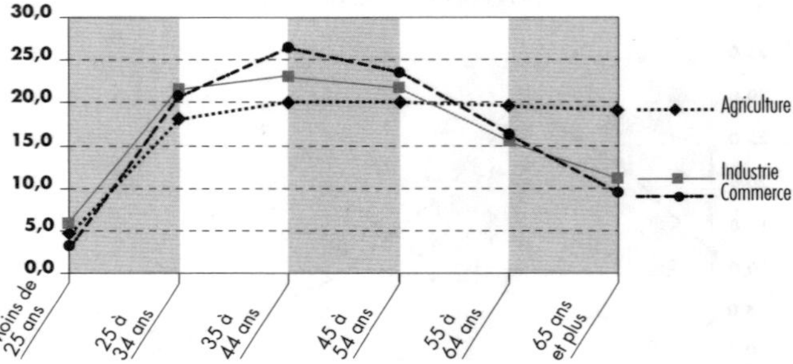

f) RÉPARTITION PAR ÂGE DES TRAVAILLEUSES ISOLÉES. FEMMES

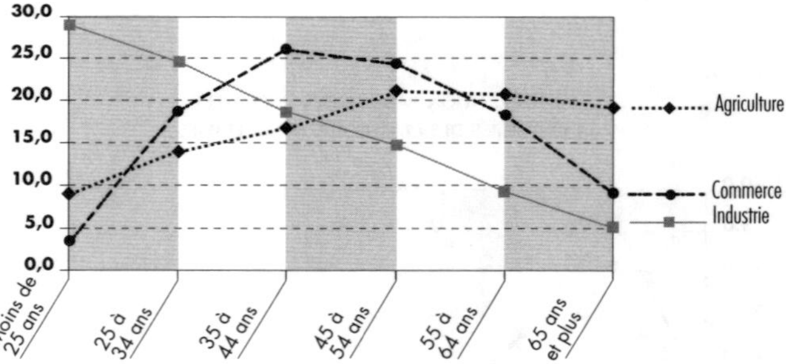

Source : [t. IV, p. XCV].

g) RÉPARTITION PAR ÂGE ET SEXE DES DOMESTIQUES

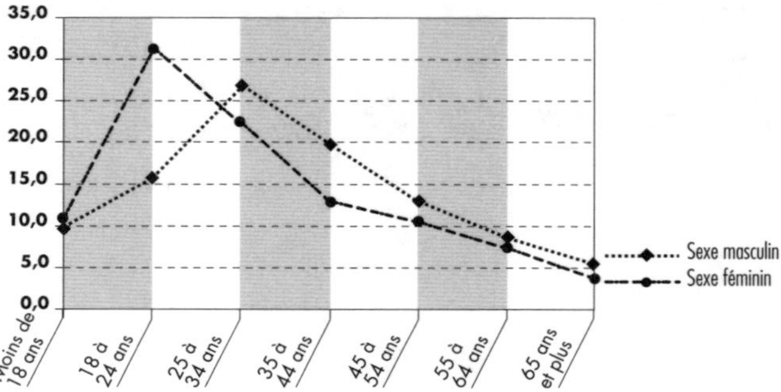

Source : [t. IV, p. XCV].

Tableau 4. — **Proportion de personnes mariées par groupes de professions**

	Ensemble	Forêts et agriculture	Industrie	Commerce	Professions libérales	Soins personnels	Service domestique	Services de l'État
Sexe masculin								
Chefs d'établissement	87,8	88,7	85,1	88,6	69,4	85,6*	—	—
Travailleurs isolés	73,7	73,3	74,2	79,2	60,7	70,4*	—	—
Employés et ouvriers des établissements	42,6	23,0	52,7	42,1	26,6	16,4	50,4	68,6
Sexe féminin								
Chefs d'établissement	84,2	89,2	58,3	78,6	77,1	72,7*	—	—
Travailleuses isolées	45,5	44,8	47,5	51,7	35,8	59,2*	—	—
Employées et ouvrières des établissements	23,8	19,8	33,5	20,3	49,2	29,2	16,5	34,2

* Soins personnels et service domestique.

Source : [t. IV, p. CIII].

III / La fin du siècle : l'ère de la domestique et de l'ouvrière

En cette fin de siècle, la travailleuse occupe le devant de la scène. L'enjeu est la définition même de la féminité et de sa compatibilité avec une activité salariée, objet des discours des industriels, des réformateurs, comme des syndicalistes [Scott, 1991].

La domestique, la couturière, l'ouvrière du textile constituent les figures dominantes de la femme au travail. Elles sont les plus nombreuses (deux femmes sur trois hors de l'agriculture), mais surtout elles représentent les archétypes du travail féminin.

Comment se construit socialement la notion de travail féminin ? Selon Michelle Perrot [1978, p. 9], cette notion s'appuie sur des qualités attribuées « par nature » aux femmes, telles que la méticulosité ou la dextérité opposées à la force physique masculine ; elle fait une place particulière au corps, modestie de la tenue et décence du costume, domestication des déplacements et des gestes ; enfin l'idée même de travail fait peser sur les femmes un perpétuel soupçon sur leur sexualité et soumet les travailleuses à une surveillance et à des disciplines qui débordent le strict cadre du travail : « C'est sous cet angle sans doute qu'on mesure le mieux ce que le fait d'être femme ajoute à celui d'être ouvrière. »

Les domestiques

Placer les jeunes, et notamment les filles comme « domestique » est une pratique ancienne parmi les petits exploitants, ouvriers ou journaliers agricoles. Cette pratique perdure au XIXe siècle et jusque dans l'entre-deux-guerres [Hufton, 1992].

La nature des tâches dévolues à la domestique dépend du statut social et de l'activité de la famille : fille de ferme, fille de boutique, domestique des grandes maisons ou bonne à tout faire des ménages petits-bourgeois. À la fin du XIXe et au début du XXe siècle, les recensements manifestent un souci de distinguer différentes catégories de domestiques : en 1891, les domestiques agricoles rejoignent les ouvriers ; en 1911 on distingue les domestiques « de service industriel et commercial », les domestiques « de service personnel » et les concierges, gardiens ou veilleurs de nuit.

Au tournant du XXe siècle, la crise de la domesticité, attestée par les écrits de l'époque, semble moins refléter une baisse des candidats qu'une transformation de la demande : les ménages de la petite-bourgeoisie montante recourent à une servante comme signe de statut social. Mais leurs faibles moyens excluent la domesticité nombreuse et mixte des maisons bourgeoises et aristocratiques. D'où une féminisation de la fonction et le succès de la bonne à tout faire [Mac Bride, 1976].

Alors qu'auparavant les discours mettaient l'accent sur l'intégration des domestiques à la famille, les réformateurs du début du XXe siècle et les syndicats orientent leurs efforts vers une certaine professionnalisation du service domestique : en cherchant à rapprocher le statut des domestiques de celui des autres travailleurs, en insistant sur l'idée de contrat entre maîtres et serviteurs, en tentant (mais sans succès) de promouvoir des écoles ménagères destinées aux domestiques [Martin-Fugier, 1979]. Mais les bonnes intentions se heurtent aux réalités concrètes. Ainsi, lors du Congrès international de la condition et des droits des femmes, tenu en 1900, un vœu est voté demandant de faire bénéficier les domestiques des conditions de repos et d'hygiène des employées et ouvrières. Mais où iront et que feront les jeunes domestiques pendant leur jour de congé ? se demandent plusieurs congressistes. Ne seront-elles pas, sans surveillance, livrées au danger des mauvaises fréquentations [Fraisse, 1979] ?

Un statut social ambigu

Préféré aux emplois industriels, le service domestique apparaît aux yeux des familles comme plus respectable et préparant mieux au mariage que le travail ouvrier [Mac Bride, 1976]. Placée dans une famille, la jeune provinciale apparaît mieux protégée des dangers de la grande ville et susceptible d'y recevoir une formation ménagère. Les gages, plus élevés que les salaires perçus par les femmes dans l'industrie, exercent également un attrait certain. Logée et nourrie, touchant parfois des étrennes et gratifications diverses, la domestique est en mesure d'épargner pour se constituer une dot et peut éventuellement aider sa famille.

Certes la condition des domestiques, dépendante de la position sociale des maisons qu'elles servent, est diverse. Mais les compétences et dispositions acquises au contact des membres des classes moyennes ou supérieures, soins du corps et de l'habillement, politesse, sont autant d'atouts favorisant la mobilité sociale par le mariage. La plupart des domestiques se marient et environ un tiers d'entre elles épousent des hommes dont la position sociale est supérieure à celle de leur famille d'origine, en majorité des boutiquiers ou des artisans, venus comme elles de la campagne et qui se saisissent des opportunités de mobilité sociale offertes par le milieu urbain [Sewel, 1985].

Cependant, les manières d'être des domestiques acquises au contact des classes moyennes ou supérieures et leurs aspirations à la mobilité sociale constituent aussi les principaux facteurs de leur vulnérabilité sexuelle [Battagliola, 1995]. Plus que d'autres, elles sont exposées aux risques de la séduction, comme en témoignent leur surreprésentation parmi les mères seules ou les concubines. Disposant d'une semi-indépendance dans les chambres de bonne des étages élevés, elles peuvent être les victimes désignées des assiduités de leur employeur ou des hommes qu'elles sont amenées à côtoyer.

Du fait de l'ambiguïté de son statut, la domestique est la cible des fantasmes des membres des classes supérieures : « À travers la bonne se joue le rapport au propre, au sale, au désirable, au répugnant, à l'ordure, au sexe, à ce qui tout à la fois attire et repousse » [Martin-Fugier, 1979, p. 9].

Les ouvrières de l'aiguille

Symbole de la féminité, la couture est partie intégrante de l'éducation des jeunes filles. Propédeutique au rôle de mère de famille, instrument de domestication des corps, elle occupe une place importante dans les ouvroirs et les écoles religieuses.

Lorsque l'obligation scolaire est établie par la loi de 1882, les programmes de l'enseignement primaire, largement communs aux deux sexes, se différencient lorsqu'il s'agit des travaux manuels : aux garçons est dévolu l'apprentissage du travail du bois ou du fer, aux filles celui du tricot, de la couture et de la coupe des vêtements. Cette division se maintient au sein des écoles primaires supérieures instituées à la fin du siècle [Lelièvre et Lelièvre, 1991]. Outre celles qui suivent un apprentissage (durant trois à quatre ans) ou fréquentent une école professionnelle, toutes les jeunes filles acquièrent aux moins des rudiments de couture.

Aussi les métiers de l'aiguille attirent-ils aussi bien des jeunes filles de la petite-bourgeoisie que des milieux populaires : « La couturière surgit des milieux les plus divers » [Du Marroussem, 1896, p. 400], et le domaine de la couture est un lieu de passage marqué par d'incessantes entrées et sorties.

La complexité de l'organisation du travail s'accompagne d'une grande variété des conditions d'exercice des métiers : des grands magasins aux petits ateliers dispersés. Dans le domaine du vêtement d'homme ou de la confection, les petits ateliers dispersés dominent. La chaîne de fabrication va des maisons de gros ou des grands magasins aux ateliers d'entrepreneurs, qui eux-mêmes fournissent de l'ouvrage aux ouvriers et surtout aux ouvrières en chambre. Ces dernières, comme les giletières ou les culottières, effectuent les tâches les moins bien rétribuées et les plus parcellarisées. Le secteur du vêtement de femme est beaucoup plus féminisé et les ateliers patronaux sont plus nombreux. Cela offre des possibilités de promotion sociale pour les anciennes ouvrières des grands ateliers de couture. Mais les conditions sont diverses : couturière travaillant à la journée dans les maisons bourgeoises ; couturière à façon pour une clientèle ouvrière ou petite-bourgeoise, ce qui n'exclut pas la « sous-traitance » pour une grande maison ; ateliers employant plusieurs ouvrières, dont le nombre varie selon la saison. À la fin du XIXe siècle, la couturière en chambre devient la figure emblématique d'une vision misérabiliste du travail des femmes [Coffin, 1996].

Aux yeux des réformateurs, la morale de la jeune ouvrière est en péril, surtout lorsqu'elle est isolée à Paris. Et c'est à la défense de leur moralité que s'attachent les réformateurs de tous horizons. Les initiatives sont nombreuses, mais le poids des catholiques est prédominant. C'est un jésuite qui fonde le syndicat de l'aiguille en 1892 [Du Lac, 1910]. Réunissant patronnes et ouvrières, il apparaît plus comme une institution charitable que comme un syndicat. Il offre un bureau de placement, une caisse de prêts gratuits pour parer aux insuffisances des salaires et aux mortes saisons, l'accès à des consultations médicales et juridiques gratuites. Deux initiatives rallient particulièrement les suffrages, car elles contribuent à préserver la moralité des jeunes filles et permettent de contrôler leur conduite : les restaurants réservés aux ouvrières les protègent de la promiscuité d'éventuels séducteurs ; les « maisons de famille » leur offrent un hébergement qui « préserve la jeune fille des liaisons dangereuses ; elles sont aussi un refuge contre les mauvais exemples souvent trop fréquents dans la famille » [de Seilhac, 1897, p. 64].

Les ouvrières du textile et la question de la qualification

Le recours à la main-d'œuvre féminine dans l'industrie a été perçu comme la raison de la dévalorisation de métiers auparavant masculins du fait de la simplification des tâches liée à l'introduction des machines et à la faiblesse des salaires féminins [Guilbert, 1966a]. Des travaux plus récents se sont interrogés sur les logiques sociales sous-jacentes aux processus de division sexuelle du travail et au clivage des qualifications qu'elle implique. Sans réduire la production sociale de la division du travail entre les sexes aux seules représentations et discours, des historiennes ont montré comment les pratiques des employeurs se sont appuyées sur des arguments relevant de la nature féminine pour attribuer des tâches aux femmes et en réserver d'autres aux hommes. Cette division sexuelle du travail s'accompagne du déni d'une qualification des travaux féminins, comme si la qualification ne pouvait être que masculine.

Dans la bonneterie troyenne, étudiée par Hélène Harden-Chenut [1996], la division sexuelle du travail des ateliers artisanaux a tout d'abord été transposée à la fabrique. À la fin du XIXe siècle, la ségrégation entre ouvriers et ouvrières est renforcée par la création en 1888 d'une école professionnelle patronale réservée aux garçons, alors que les femmes continuent d'acquérir leurs savoir-faire manuels au sein de la famille. Cela se traduit par des possibilités de carrières différenciées : les jeunes gens deviennent techniciens et contremaîtres, alors que les femmes sont cantonnées dans des emplois n'ouvrant aucune perspective de progression. Pourtant, des métiers féminins se sont constitués, notamment autour des opérations de finition, d'abord effectuées à la main, puis, à la fin du siècle, à la machine. L'habileté requise par ces tâches minutieuses est certes valorisée. Mais, acquise de façon informelle dans le cadre domestique, elle n'est pas reconnue comme une qualification, apparaissant intimement liée aux qualités féminines. Aussi, ces travaux, fréquemment effectués à domicile, sont rémunérés à la tâche et n'offrent aucune opportunité de carrière.

La séparation des tâches et des métiers entre les sexes est renforcée par la sexuation symbolique des machines et des outils. Les métiers perfectionnés introduits dans les années 1880 sont l'apanage des hommes et, malgré les risques de chômage, préservent la reconnaissance des qualifications à travers la recomposition des emplois. Les innovations techniques touchent plus tardivement les travaux féminins et se traduisent par une parcellarisation des tâches et un accroissement des rendements. Les machines, confiées aux femmes, considérées comme plus simples comme la machine à coudre, sont marquées par la symbolique des travaux d'aiguille.

Le même processus s'observe dans la rubanerie stéphanoise [Dubesset et Zancarini-Fournel, 1993]. Le « métier à barre », actionné manuellement, est perçu comme viril, même s'il arrive que des femmes « barrent ». L'apparition des métiers mus par l'électricité à la fin du siècle déplace les frontières du masculin et du féminin : la force physique n'étant plus requise, « on trouvera l'emploi des qualités d'assiduité et de délicatesse qui se rencontrent habituellement chez les jeunes filles, et qui leur donne une supériorité sur les ouvriers ordinaires » [Rapport au Conseil de perfectionnement de l'école pratique de jeunes filles, 1897, cité par ces auteurs, p. 128].

La ségrégation du travail selon le genre, l'absence de reconnaissance des qualifications féminines rencontrent peu d'opposition dans le mouvement ouvrier dominé par les hommes. Les travailleurs masculins, notamment à travers les organisations syndicales, ont joué un rôle important dans le maintien de la division du travail selon le sexe et dans l'infériorisation des femmes dans le monde du travail.

L'hostilité syndicale au travail des femmes

Avant 1914, les militants ouvriers sont généralement hostiles au travail des femmes en usine. Les logiques du développement capitaliste ne suffisent pas à expliquer la division des emplois selon le genre : la domination patriarcale exercée par les hommes sur les femmes, attribuant le travail domestique à ces dernières, s'est maintenue grâce à leur infériorisation sur le marché du travail, soutenue par les travailleurs eux-mêmes [Hartmann, 1976]. À travers les syndicats, les hommes ont ainsi défendu leurs prérogatives, contribuant à maintenir les frontières entre identités masculine et féminine [Frader, 1996].

Les ouvriers de métier, qui s'expriment lors des congrès ouvriers, sont fortement marqués par la pensée de Proudhon sur l'infériorité féminine et défendent la spécificité des rôles : aux hommes le travail en usine, aux femmes le foyer. Le Congrès national ouvrier, tenu à Marseille en 1879, est remarquable par la place qu'y occupe la question des femmes. À la convergence d'un mouvement féministe renaissant et d'un mouvement ouvrier très actif, mais encore à la recherche de son institutionnalisation, il est le symbole de l'éphémère rencontre entre représentants ouvriers et féministes. À travers les neuf rapports consacrés à la question des femmes (un dixième du compte rendu) s'exprime la palette des opinions des congressistes : la faiblesse naturelle de la femme et son rôle dans la perpétuation et la sauvegarde de la race ; l'importance de la famille pour l'ouvrier ; la résistance à l'entrée des femmes dans le salariat industriel et la préférence pour le travail à domicile ; l'aspiration à ce que le salaire de l'homme suffise à faire vivre sa famille [Perrot, 1976].

Au-delà du clivage des positions hostiles ou favorables au travail des femmes, s'exprime, dans les écrits des militants ouvriers des débuts de la IIIe République, une réflexion plus large sur la condition faite aux femmes par la société capitaliste, « réflexion par laquelle c'est le travail même à l'atelier qui produit l'infériorité de la femme, c'est l'atelier qui est le lieu de l'oppression spécifique, économique mais surtout corporelle et sexuelle » [Dufrancatel, 1979, p. 161]. L'enjeu est économique — le salaire de l'homme doit lui permettre d'entretenir sa famille [Frader, 1998] — et symbolique, à travers le contrôle de l'appropriation du corps des femmes de la classe ouvrière [Louis, 1994].

La voix des féministes : le rapport d'Hubertine Auclert au 3e Congrès national ouvrier, Marseille, 1879

« Ou les femmes sont les égales des ouvriers et des bourgeois, ou les bourgeois, comme ils l'affirment, sont les supérieurs des ouvriers et des femmes. Sachez-le, citoyens, ce n'est que sur l'égalité de tous les êtres que vous pouvez vous appuyer pour être fondés à réclamer votre avènement à la liberté. Si vous n'asseyez pas vos revendications sur la justice et le droit naturel, si vous, prolétaires, vous voulez aussi conserver des privilèges, les privilèges de sexe, je vous le demande, quelle autorité avez-vous pour protester contre les privilèges des classes ? Que pouvez-vous reprocher aux gouvernants qui vous dominent, vous exploitent, si vous êtes partisans de laisser subsister dans l'espèce humaine des catégories de supérieurs et d'inférieurs ? [...] Notre affirmation de l'égalité sociale et politique de la femme et de l'homme est en même temps que l'expression de notre conviction, une protestation contre ceux qui, au mépris de la liberté humaine, osent encore, au XIXe siècle, tenter d'assigner un rôle à la moitié du genre humain. Que diriez-vous, hommes, si l'on vous enfermait dans le cercle étroit d'un rôle ? [...] La femme est comme l'homme, un être libre et autonome. À elle, comme à lui, la liberté de choisir la voie qui lui convient *(applaudissements)*. Ces attentats à la liberté de la femme en font, en même temps que la serve, la mineure perpétuelle, la mendiante qui vit aux dépens de l'homme. Notre dignité nous fait protester contre cette situation humiliante [...]. »

Source : *in* Rebérioux, Dufrancatel et Slama [1976].

Les voix féministes qui s'expriment au congrès de Marseille font aussi de l'indépendance économique des femmes une question de dignité. Hubertine Auclert, représentante de la société Le Droit des femmes et de celle des Travailleuses de Belleville, l'exprime avec force. Et elle n'hésite pas à faire de l'égalité économique et politique des femmes la condition de la légitimité de la lutte des travailleurs contre la domination de la bourgeoisie.

Les craintes d'Hubertine Auclert — que la question des femmes ne soit reportée après l'avènement de la société socialiste — se réalisent et, à la fin du siècle, cette question cesse d'être inscrite au programme des congrès nationaux ouvriers. Mais la concurrence entre travailleurs masculins et féminins reste d'actualité et est discutée dans les congrès des fédérations ouvrières [Guilbert 1966b, Zylberberg-Hocquard, 1978].

Dans les branches très féminisées, le travail des femmes soulève peu de discussions à condition que les ouvrières soient cantonnées dans des emplois traditionnellement féminins ou subalternes. En revanche, les inquiétudes les plus vives s'expriment lorsque l'introduction de machines permet de remplacer des hommes par des femmes et d'abaisser les salaires. Ainsi, à Saint-Étienne en 1900, à l'issue d'une grève à laquelle les ouvrières ont apporté leur participation malgré leur faible représentation dans les syndicats, l'un des leaders déclare : « Les grandes usines occupent de préférence les femmes parce qu'elles sont payées moins cher, si cela continue, les femmes feront du velours et les hommes la cuisine » [Dubesset et Zancarini-Fournel, 1993, p. 113].

Pourtant, il ressort de l'analyse des congrès ouvriers et de la presse syndicale [Guilbert, 1966b] que la revendication de l'égalité des salaires ne fait guère recette. Elle n'émerge que dans les secteurs où existe une réelle situation de concurrence et apparaît comme un moyen d'évincer la main-d'œuvre féminine. De même, à la fin du siècle, les exigences d'application stricte des lois protégeant le travail des femmes aboutit surtout à les écarter de certains emplois.

La législation protectrice du travail des femmes

La première loi réglementant le travail, votée en 1841, concerne exclusivement les enfants : elle fixe l'âge minimal auquel ils peuvent être employés dans l'industrie, interdit le travail de nuit et réglemente la durée du travail au-dessous de certains seuils d'âge. Elle est suivie en 1848 d'une éphémère limitation de la durée du travail de tous les travailleurs. La loi de 1874 élargit les limitations du travail des enfants et, pour la première fois, les femmes sont concernées : les travaux souterrains leur sont interdits, ainsi que le travail de nuit au-dessous de vingt et un ans. La perspective d'une législation particulière du travail des femmes se confirme dans la loi de 1892. Huit ans plus tard, avec la loi du 30 mars 1900, apparaît une timide réglementation de la durée du travail masculin : elle a pour but d'unifier la durée du travail des femmes et des hommes travaillant dans les mêmes ateliers. Il faudra attendre 1919 pour qu'une loi réduise la durée du travail pour l'ensemble des travailleurs.

L'importance de la loi de 1892, une des premières de ce qu'on appellera l'État-providence, a été négligée par l'historiographie du travail et de la protection sociale. Pourtant, près d'un demi-siècle de débats récurrents sur la spécificité du travail des femmes a contribué à façonner des catégories d'appréhension et d'action

Loi sur le travail des enfants, des filles mineures et des femmes dans les établissements industriels. Promulguée le 2 novembre 1892

Cette loi s'applique à tous les établissements, à l'exclusion de ceux où ne sont employés que les membres de la famille, sous l'autorité du père, de la mère ou du tuteur.

Elle fixe l'âge du travail des enfants à treize ans et limite la durée du travail des enfants de moins de seize ans à dix heures par jour.

Pour les femmes (et les filles), la durée de la journée de travail « effectif » ne doit pas excéder onze heures.

Le travail de nuit est aussi réglementé : les enfants de moins de dix-huit ans, les filles de moins de vingt et un ans et les femmes ne peuvent être employés à aucun travail de nuit. Le travail de nuit est toutefois autorisé de 4 heures du matin à 10 heures du soir s'il est réparti entre deux postes ne travaillant pas plus de neuf heures chacun. Des dérogations sont prévues par la loi : certaines industries pourront bénéficier de dérogations permanentes ; dans d'autres cas, le travail pourra être prolongé jusqu'à 11 heures du soir pendant une durée n'excédant pas soixante jours.

Les enfants de moins de dix-huit ans et les femmes ne peuvent être employés plus de six jours par semaine, ni les jours fériés (sauf sous certaines conditions dans les usines à feu continu).

Les filles et les femmes ne peuvent effectuer les travaux souterrains (mines, carrières), ni être employées (de même que les enfants) dans des établissements insalubres ou dangereux (sauf sous conditions spéciales).

Les accidents du travail doivent faire l'objet d'une déclaration.

Les chefs d'établissement doivent aussi « veiller au maintien des bonnes mœurs et à l'observation de la décence publique ».

Un corps d'inspecteurs est chargé de l'application de la loi.

Source : *Journal officiel*, n° 298, mercredi 2 et jeudi 3 novembre 1892, p. 5313-5316.

qui perdurent jusqu'à la remise en question récente de l'interdiction du travail de nuit des femmes.

Au cours du XIXe siècle, la réglementation du travail rencontre une forte opposition de la part des libéraux, partisans de la liberté du travail et hostiles à toute intervention étatique. En revanche, les arguments de la préservation de la famille ouvrière, de la lutte contre la dénatalité et la mortalité infantile permettent de rallier les législateurs de tous bords. Des ouvrages tels que celui de Jules Simon [1861], associant le travail en usine des femmes et la désintégration de la famille ouvrière, continuent d'exercer toute leur influence. En 1891, *L'Ouvrière* en est à sa neuvième édition. Comme maints réformateurs, Jules Simon ne s'oppose pas au travail des femmes mais dénonce les effets dévastateurs du travail à l'extérieur de la maison sur la morale familiale. « Le mal est moral et le remède la reconstitution de la famille », écrit-il dans la préface à la neuvième édition. Dès les années 1870, des économistes comme Paul Leroy-Beaulieu (fondateur de *L'Économiste français*) abandonnent la théorie du laissez-faire lorsqu'il est question du travail féminin, en arguant de l'immoralité engendrée par le travail des femmes en usine et du rôle des mères dans l'amélioration de la future force de travail. L'argument selon lequel les femmes ne sont pas des agents libres, car elles sont privées de leurs droits civiques par le mariage, joue également en faveur de leur protection par l'État. En se déplaçant des hommes aux femmes, le débat élude la confrontation de classe sur les conditions de travail [Stewart, 1995]. Un consensus peut alors s'établir sur l'importance pour la nation de protéger la maternité, dans un contexte où la dépopulation est érigée en problème national. Les thèmes de la mère éducatrice et de la stabilité de la famille ouvrière, garantie par la présence de la femme au foyer, sont partagés par les militants ouvriers et les catholiques sociaux.

Les conditions d'application de cette loi ont contribué à renforcer la ségrégation du travail entre hommes et femmes [Stewart, 1989]. Elle établit en effet des barrières à l'accès des femmes à des secteurs masculins, mieux rémunérés, alors que les dérogations dont bénéficient les industries recourant au travail féminin bon marché accélèrent leur féminisation. D'ailleurs, les syndicats s'appuieront sur cette loi pour limiter l'embauche de femmes dans des secteurs masculins. En outre, l'exclusion des ateliers familiaux du champ de la loi se traduit par la multiplication de la sous-traitance à domicile et la surexploitation des femmes.

Si l'application de la loi a concerné au total peu d'ouvrières, elle a contribué à légitimer une conception des femmes définie par leur fonction procréatrice et leur assignation au domestique. La main-d'œuvre féminine — à laquelle on ne cessera de faire appel — est ainsi apparue comme une main-d'œuvre spécifique, nécessitant un traitement particulier, dérogeant aux règles universelles, déclinées au masculin [Zancarini-Fournel, 1995].

La bataille pour le congé maternité

Alors que les campagnes en faveur de la repopulation et la lutte contre la mortalité infantile s'intensifient à la fin du siècle et servent de tremplin au vote de la loi de 1892, le congé maternité n'est voté en France qu'en 1913, après tous les autres pays d'Europe à l'exception de la Russie. Pourquoi un tel délai ? [Stewart, 1989 ; Lefaucheur, 1995]

Dès 1886, Albert de Mun, une des grandes figures du catholicisme social, défend l'idée d'un congé de maternité comme complément aux mesures sur la réduction de la journée de travail des femmes, mais sa proposition se heurte à l'opposition des libéraux. En novembre 1892, deux propositions sont déposées et examinées par la Chambre des députés. Le rapporteur, médecin lui-même, s'appuie sur les arguments des obstétriciens et accoucheurs, professions alors en plein essor. Mais plusieurs problèmes retardent le vote d'une loi. D'abord, la question de son extension : concerne-t-elle toutes les femmes ou les seules ouvrières ? Ensuite, la question posée par l'éventuelle indemnisation des femmes pendant leur congé, la modalité et la source du financement de cette mesure. La loi Engerand votée en 1909 est la première à reconnaître le droit à un congé aux femmes en couches. Elle les protège de la rupture éventuelle de leur contrat de travail, sans toutefois qu'elles soient indemnisées de la perte de leur salaire.

L'élection de Paul Strauss au Sénat en 1897 transforme le débat. Bien connu pour son action contre la mortalité infantile, il dépose une proposition de loi intégrant des indemnités aux femmes en congés dès 1899, qui sera adoptée en 1913. Il appuie sa campagne moins sur des arguments humanitaires que sur le péril national que constitue la dépopulation, et il établit un parallèle entre service armé et service de la maternité. Strauss ne demande pas d'indemnisation des femmes en couches sur la base du salaire mais se réfère à l'assistance comme mesure temporaire jusqu'à ce que ces dispositions soient incluses dans le cadre de l'assurance.

La loi votée en 1913 accorde à toute femme enceinte le droit à un congé sans pénalité. Le congé prénatal est facultatif, il est accordé sur prescription médicale. Le congé postnatal de quatre semaines est obligatoire pour les femmes qui travaillent hors de leur domicile contre salaire, comme ouvrière, employée ou domestique. Une indemnité journalière est fixée par la loi. Peu de temps après, la loi est étendue aux salariées à domicile mais non aux nombreuses femmes non salariées. Il faudra attendre 1928 pour que le droit à la gratuité des soins médicaux et à des indemnités compensatrices pendant le congé de maternité passent du cadre de l'assistance pour entrer dans celui de l'assurance collective avec la loi sur les assurances sociales, faisant des allocations de maternité un droit lié à l'exercice du travail.

IV / La Grande Guerre : un tournant ?

La Grande Guerre a été perçue par les contemporains comme une période de bouleversement de la place des femmes dans la société. En quatre ans et demi, huit millions d'hommes sont mobilisés, soit plus de 60 % des actifs, qu'il s'agit de remplacer. La part des femmes parmi le personnel de l'industrie et du commerce passe de 32 % à la veille de la guerre à 40 % fin 1917 ; elle atteint la moitié des actifs dans la Seine [Robert, 1989].

Pourtant, depuis les années 1980, la plupart des historiens s'accordent à considérer que les années 1914-1919 ont constitué une parenthèse qui n'a pas affecté durablement la condition des femmes. À la fin de la guerre, on assiste à un reflux de l'activité féminine et à un renforcement des rôles traditionnels d'épouse et de mère.

Apprécier les changements n'est pas chose facile car ils ne se réduisent pas aux chiffres et leur dimension symbolique se révèle importante. En remplaçant les hommes et en pénétrant les bastions masculins, la mobilisation des femmes n'a-t-elle pas contribué à ébranler les rapports entre les sexes ?

La mobilisation des femmes

Au drame des séparations s'ajoutent les difficultés de l'existence, qui frappent particulièrement les femmes des milieux modestes : le chômage et le renchérissement du coût de la vie. Le chômage touche les femmes dès le début des hostilités : en août 1914, les emplois féminins de l'industrie et du commerce représentent à peine la moitié de ceux d'avant guerre [Thébaud, 1992] et le chômage atteint 12 % des Parisiennes en 1915 (4 %

des hommes) [Bozon, 1997]. Des secours sont alloués aux épouses et compagnes des hommes mobilisés, mais d'un faible montant, ils relèvent d'une logique d'assistance et ne sont pas cumulables avec une allocation de chômage. Aussi, hormis les agricultrices ou les commerçantes qui remplacent leurs maris, nombre de femmes sont-elles contraintes de rechercher un emploi. Comme le souligne Thierry Bozon [1997], le taux élevé de chômage deux ans après la déclaration de guerre révèle un appel plus tardif à la main-d'œuvre féminine en France qu'en Allemagne ou en Grande-Bretagne. Pourtant, dès 1915, des offices départementaux de placement sont mis en place par le ministère du Travail, qui incite les industriels à employer des femmes. Les ouvrières des usines de guerre viennent massivement de la confection ou du service domestique, ou encore de leur foyer. Leur âge est variable car le seul critère d'embauche est la force physique et la robustesse [Dubesset, Thébaud et Vincent, 1977].

Les ouvrières des usines de guerre et la division sexuelle du travail

À partir de 1916, l'entrée des femmes dans l'industrie est très sensible : de 5 % à la veille de la guerre dans la Seine, la part des femmes dans la métallurgie passe à 30 % des effectifs en 1918.

Mais cette entrée relativement massive des femmes dans les usines de guerre s'accompagne d'une division sexuelle du travail. Si, à l'exception des métiers les plus qualifiés, les femmes accomplissent toutes sortes de travaux exigeant une grande force physique et habituellement effectués par des hommes, elles demeurent plus représentées dans les secteurs et emplois requérant les plus faibles qualifications. L'emploi de cette main-d'œuvre s'accompagne d'une réorganisation du travail : une modernisation de l'outillage, une rationalisation et une accentuation de la division du travail. Les femmes sont employées comme manœuvres, surtout aux tâches mécaniques en série ou dans la fabrication des pièces fines. Le cycle des opérations est très court et le salaire à la pièce. Le meilleur rendement des femmes dans ces tâches répétitives et généralement apprises sur le tas est mis en avant par les industriels et donne lieu à un discours sur les qualités de la main-d'œuvre féminine : patience, habileté, minutie, acquises le plus souvent dans la couture, mais non reconnues par leurs employeurs [Dubesset, Thébaud et Vincent, 1977].

Les femmes, même lorsqu'elles remplacent les hommes, sont beaucoup moins payées : elles touchent régulièrement la moitié de ce qu'aurait gagné un homme pour le même travail. Alors que la rémunération des hommes correspond à leur travail, celle des femmes se fonde sur les représentations que les employeurs s'en font. Ils invoquent la différenciation sexuée des besoins, le salaire des hommes étant censé pouvoir entretenir une famille, ou encore la valeur plus élevée du travail masculin pour l'entreprise. De fait, s'ils paient un peu plus les femmes dans les secteurs habituellement masculins, comme la métallurgie, que dans les secteurs féminisés, les rémunérations féminines ne changent guère selon le travail effectué. En 1916, des grèves éclatent, impliquant les deux sexes contre les différences de salaires. Le ministre aux Armements adopte en 1917 une grille des salaires qui réduit la différence de rémunération, mais maintient un écart entre 15 et 25 % entre hommes et femmes. Après la guerre, la division sexuée du travail et les écarts de salaire perdurent [Downs, 2006].

« On compte sur l'ouvrière pour enfanter des milliers d'obus et tourner des dizaines d'enfants. » Ces propos de la revue féministe *La Française d'aujourd'hui*, relatés par Yvonne Knibielher et Catherine Fouquet [1977, p. 294], donnent le ton des politiques hésitant entre la mobilisation des femmes comme main-d'œuvre surexploitée et leur protection en tant que mères, dans un contexte de faible natalité.

Dès août 1914, toute réglementation du travail féminin est suspendue. Des cris d'alarme sont lancés, notamment par des médecins accoucheurs de grande renommée comme Adolphe Pinard, sur les dangers encourus par les femmes dans les usines et, à travers elles, par la population française à cause de la propagande malthusienne, sur les risques de prématurité et de mortinatalité, et sur l'accroissement de la mortalité infantile faute de soins aux nourrissons. Face à ces risques, l'État favorise la création d'institutions devant permettre aux ouvrières de concilier travail et maternité. En 1916 est créé un Comité du travail féminin chargé d'enquêter sur les salaires et les conditions de travail. Une circulaire ministérielle impose des limitations au travail de nuit des femmes et fixe la durée de la journée de travail à dix heures, mais, de nouveau comme après 1892, ces règles sont peu appliquées et les établissements travaillant pour la Défense nationale en sont exemptés. Les circulaires et décrets se succèdent durant l'année 1917, incitant les patrons à donner des postes moins pénibles aux femmes enceintes, à accorder des primes de naissance et d'allaitement et un congé de maternité avec maintien au moins partiel du salaire. Une loi d'août 1917 impose aux entreprises employant plus de cent femmes de créer des chambres d'allaitement, des crèches et des garderies. Mais ces initiatives n'ont guère de succès. Elles sont dénoncées par les syndicats comme une « emprise inacceptable sur la vie privée » et sont délaissées par les ouvrières, qui y sont souvent traitées avec mépris. Après la guerre, la plupart des chambres d'allaitement et des crèches sont fermées [Knibielher et Fouquet, 1977, p. 295].

Le bénévolat : une propédeutique à la professionnalisation ?

Les femmes et les jeunes filles des milieux aisés s'engagent massivement dans le bénévolat, prolongeant ainsi les activités charitables dont elles sont coutumières : « La guerre est une période d'intense activisme qui bouscule le cloisonnement social comme les rigidités de la mode ou de la sociabilité bourgeoise » [Thébaud, 1992, p. 47]. Les infirmières ou auxiliaires des services de santé (plus de 70 000 pour 30 000 salariées) sont les héroïnes les plus adulées du front des femmes.

L'action des féministes, qui se rallient dans leur immense majorité à l'Union sacrée, est à cet égard exemplaire [Bard, 1995]. Fortes de leur expérience philanthropique, elles créent dès les premiers jours de la guerre de nombreuses œuvres destinées aux soldats ou aux femmes en difficulté et mobilisent les femmes de la bourgeoisie. Ces expériences modifient leur façon d'envisager l'existence au féminin. Pour les féministes réformistes proches de la philanthropie, le travail salarié des femmes n'est pas une valeur en soi. Mais elles sont conduites à reconnaître la légitimité du droit au travail. Les thèmes de revendication d'avant guerre connaissent une vigueur nouvelle : meilleure formation professionnelle, accès à toutes les carrières. Se fait jour l'aspiration des femmes des couches moyennes et supérieures à exercer des professions libérales, intellectuelles ou commerciales. Ces aspirations trouvent un début de réalisation par l'ouverture aux filles des écoles nationales de commerce en 1915 et de la plupart des écoles d'ingénieurs les années suivantes (l'École centrale s'ouvre aux filles en 1918).

Les féministes sont aussi particulièrement sensibles aux conditions de vie des femmes les plus exploitées. Issue d'une longue lutte, la loi imposant un salaire minimal pour le travail à domicile est adoptée en 1915 et les militantes s'attachent à la faire appliquer. Elles s'insurgent contre le fait qu'aucune inspectrice du travail ne puisse entrer dans les usines de guerre, tentent de promouvoir l'égalité des salaires féminins et masculins et réclament une amélioration des conditions de vie à l'usine.

On peut penser que ce féminisme moral, apte à rallier des femmes (et des hommes) de sensibilités diverses, jouera un rôle dans le développement, après guerre, des professions à caractère social susceptibles d'offrir un débouché professionnel aux jeunes filles des classes moyennes et de la bourgeoisie. Cette influence est particulièrement claire en ce qui concerne l'École des surintendantes d'usine, fondée en 1917 sur le modèle britannique dans le but de former des travailleuses sociales chargées de veiller aux conditions de travail des ouvrières [Fourcaut, 1982].

Pendant la guerre, l'avancée des femmes dans ce qu'on appelle aujourd'hui le tertiaire apparaît aussi incontestable. Dans l'administration, les femmes ont remplacé les hommes à tous les postes : dans l'enseignement masculin, dans les services publics et notamment la poste, dans les services de l'armée. Une circulaire de 1916 invite ainsi à remplacer les militaires par des femmes, sauf dans les emplois « qui ne peuvent être attribués à des femmes pour des raisons de bienséance » [cité par Thuillier, 1988, p. 42].

Les femmes sont ainsi amenées à occuper des postes de direction : elles sont employées principales, contremaîtresses, elles dirigent des hôpitaux auxiliaires, elles accèdent au poste de rédacteur dans les ministères, elles sont admises au Conseil supérieur des postes et télégraphes ou des prisons. Mais la majorité est secrétaire ou dactylographe, professions qui deviendront les nouveaux archétypes du métier féminin d'après guerre.

Le reflux de l'activité des femmes ?

La fin des hostilités voit un mouvement de recul de l'activité des femmes. Dès la mi-novembre 1918, les munitionnettes font l'objet de licenciements massifs. Le sous-secrétariat à la Guerre adresse un avis aux ouvrières des établissements d'État travaillant pour la Défense nationale les invitant à quitter leur emploi. Cela se traduit par un chômage important et des situations de détresse dont témoignent les lettres d'ouvrières publiées dans la presse. Cependant, si le travail des femmes dans la métallurgie fait l'objet de vives critiques, économistes et industriels sont favorables à son maintien, car il s'est révélé particulièrement rentable du fait de l'introduction de nouvelles formes d'organisation du travail : travail à la chaîne, rémunération aux pièces [Dubesset, Thébaud et Vincent, 1977]. Aussi, dans les années 1920, les femmes représentent 14 % des ouvriers de la métallurgie de la Seine, la métallurgie devenant le second secteur d'emploi féminin après le vêtement. Catherine Omnès [1997, p. 155] montre que « l'élan que la guerre avait donné à l'emploi féminin n'a pas été brisé ». Grâce à une conjoncture favorable et dans un contexte de pénurie de main-d'œuvre après guerre, les femmes cessent d'être massivement concentrées dans les industries traditionnelles pour investir des secteurs en expansion comme la métallurgie, la chimie, l'électricité ou l'industrie alimentaire. À la faveur de la rationalisation du travail, on assiste à un élargissement des tâches féminines, à l'émergence de métiers mixtes ou à la féminisation de certains métiers masculins. Les femmes pénètrent surtout massivement les bureaux, les services publics et administratifs. Ces mouvements témoignent d'une certaine redistribution des cartes entre hommes et femmes, même si ces dernières restent en position dominée dans la hiérarchie des qualifications des entreprises.

Ce redéploiement de la main-d'œuvre féminine se traduit-il par l'intégration accrue des femmes dans les syndicats ? Les années de guerre voient une accentuation de la participation des femmes au mouvement syndical [Dubesset, Thébaud et Vincent, 1977 ; Robert, 1989]. Avec les grèves féminines de 1916 et 1917, des ouvrières de la mode puis des munitionnettes, émerge une nouvelle image de la travailleuse, combative et intégrée au mouvement ouvrier.

Mais cette embellie des rapports entre les femmes et le mouvement ouvrier est de courte durée. Peu s'élèvent contre les licenciements des femmes. Les craintes traditionnelles de la concurrence du travail féminin face à l'emploi masculin se doublent d'une opposition entre les femmes restées à l'arrière du front (et souvent accusées de comportements frivoles) et les combattants. La fin de la guerre s'accompagne d'une exacerbation des rapports entre hommes et femmes qui se traduit par un repli des syndicats sur une attitude hostile au travail des femmes. Cette attitude reflète les inquiétudes suscitées par les conditions d'emploi de la main-d'œuvre féminine — offre de salaires faibles dans le cadre d'une division du travail accrue — et le souhait « de conserver les caractères d'une société d'hommes à leur métier » [Robert, 1989, p. 518]. Jean-Louis Robert [1981] souligne également l'attachement des ouvriers à une forme de famille au sein de laquelle les rôles entre les sexes demeurent séparés, famille soustraite aux influences de la classe dominante et lieu privilégié de la transmission de la conscience de classe par la mère éducatrice.

Travail ou famille, recomposition des frontières entre les sexes

Un million trois cent mille hommes tués, soit 10 % de la population active, 600 000 veuves. Cette hécatombe n'a-t-elle pas contribué à accentuer une contradiction entre la nécessité de travailler pour de nombreuses femmes et jeunes filles vouées à la vie solitaire et les aspirations à une vie familiale renforcées par les exhortations à la repopulation du pays (notons que l'Alliance nationale pour l'accroissement de la population française est reconnue d'utilité publique en 1913) ?

L'examen des « perturbations de la nuptialité résultant de la guerre 1914-1918 » effectué par Louis Henri [1966] réserve quelques surprises. Alors qu'on aurait pu s'attendre à un fort taux de célibat parmi les femmes appartenant aux générations dont les futurs époux ont été décimés par la guerre, ce taux demeure modeste : à cinquante ans, 10,5 % des femmes appartenant aux générations non encore touchées par la guerre étaient restées célibataires, elles sont 12,5 % dans la génération la plus exposée, née en 1891-1895. Cela signifie que « le manque d'hommes n'a contraint au célibat que 2,5 % de femmes de ces générations, bien que la guerre ait provoqué la mort de 15 % à 20 % des hommes que ces femmes auraient normalement épousés ».

Avec la démobilisation, l'augmentation des mariages compense les unions différées pendant la guerre. Par ailleurs, l'apport d'hommes étrangers, entrés en France pendant les hostilités et dans les années suivantes, a contribué à combler en partie le déséquilibre entre les sexes. Mais les faits les plus notables, analysés par Maurice Halbwachs [1935], sont l'abaissement de l'âge moyen au mariage et surtout la réduction de l'écart d'âge entre époux, les mariages à âges égaux et ceux où la femme est plus âgée augmentant nettement. La concurrence entre femmes dans un contexte de pénurie de prétendants ne suffit pas à rendre compte de ces modifications des usages matrimoniaux. La situation économique favorise les jeunes gens, leur permettant de fonder un ménage plus tôt que leurs aînés. Cette situation s'accompagne d'une modification de la représentation sociale des âges : « Il était inévitable qu'en France la réduction extrêmement forte (à peu près du quart) de la population masculine (classes 1900 à 1915) comprenant à la fin de la guerre les catégories d'âge de vingt-trois à trente-huit ans ait eu pour conséquence de relever les jeunes dans l'échelle des âges (et peut-être d'y faire descendre de quelques échelons les plus âgés) » [Halbwachs, 1935, réédition 1972, p. 270].

Françoise Thébaud [1992] souligne le « caractère profondément conservateur de la guerre en matière de rapports entre les sexes ». La glorification de la maternité et de la famille tend à éclipser la travailleuse. Les thèses en faveur de la repopulation emportent l'adhésion nationale et la célèbre loi de 1920, réprimant l'avortement, est votée sans soulever d'opposition, même parmi les féministes (exceptions faites de rares « radicales » comme Nelly Roussel). La lutte contre la mortalité infantile, menée par la Croix-Rouge américaine, a pour effet de renforcer l'intervention médicale auprès des mères, surtout de milieu modeste, et de populariser les règles de puériculture tendant à faire de la maternité et du rôle des femmes au foyer un quasi-métier, susceptible d'apprentissage [Knibielher et Fouquet, 1977]. L'importance de la vie familiale s'exprime aussi dans l'extrême souci de la maison et les luttes sur la question du logement qui se développent après la guerre [Magri, 1997].

V / L'entre-deux-guerres : les femmes à la conquête du tertiaire

Le déclin de la jeune fille oisive

La progression de la scolarité des jeunes filles

Durant l'entre-deux-guerres, la scolarisation des filles tend à rattraper celle des garçons. Mais, bien que l'enseignement secondaire féminin s'aligne sur celui des garçons en 1924 [Mayeur, 1977], c'est surtout dans l'enseignement primaire supérieur que les jeunes filles progressent.

Tableau 5. — **Répartition des élèves dans les différents types d'enseignement en 1929-1930**

	CC	EPS	Tech.	Second.	Ensemble
Garçons					
Effectifs	27 010	37 712	22 019	72 801	159 542
%	16,9	23,6	13,8	45,6	100,0
Filles					
Effectifs	34 590	38 328	7 695	30 930	111 543
%	31,0	34,4	6,9	27,7	100,0

Enseignement primaire supérieur : cours complémentaire (CC), école primaire supérieure (EPS), école pratique de l'industrie et du commerce, école nationale professionnelle (tech.)

Source : d'après Briand et Chapoulie [1992, p. 18-19].

Un tel succès de l'enseignement primaire supérieur tient, selon Briand et Chapoulie [1992], tout d'abord à l'organisation propre de cet enseignement, particulièrement adaptée à sa population issue des milieux populaires ou des classes moyennes : gratuité et cursus prolongeant sans discontinuité l'enseignement primaire élémentaire. L'influence des instituteurs et institutrices est aussi déterminante pour encourager les meilleurs élèves des milieux modestes à poursuivre une scolarité prolongée dans le cadre primaire. Le moindre investissement des familles dans la scolarité des filles a certainement joué en faveur de leur orientation vers le primaire supérieur plutôt que vers le secondaire ; ainsi que l'offre scolaire régionale : là où n'existe pas d'établissement secondaire féminin, les EPS ont souvent permis aux filles de poursuivre leurs études avant de rejoindre éventuellement un lycée.

Les fins affichées de l'enseignement primaire supérieur sont, pour les filles, l'acquisition de connaissances utiles à une bonne mère et épouse. Ce discours connaît un regain particulier dans les années trente sous l'influence des mouvements catholiques. Linda L. Clark [1984] montre son omniprésence dans les livres de textes utilisés dans les écoles publiques de filles. Cléricaux et républicains anticléricaux partagent la même vision de la place des femmes, en priorité au foyer, et mettent l'accent sur l'enseignement ménager. Mais ces sections sont boudées par les familles qui attendent d'un enseignement prolongé une formation professionnelle. De leur côté, les administrateurs de l'enseignement, même s'ils le déplorent, se rangent à une vision réaliste de la situation des jeunes filles, dont la plupart seront amenées à exercer un métier. Le premier débouché est l'enseignement primaire, qui répond dans un premier temps à un besoin d'institutrices dans les écoles publiques. En 1930, le nombre d'élèves dans les écoles normales d'institutrices dépasse celui des futurs instituteurs. Le primaire supérieur prépare également à divers concours administratifs (postes, contributions...). Les établissements se dotent d'enseignements techniques, comptabilité, dactylographie, éventuellement sanctionnés par le CAP, permettant aux jeunes filles de prétendre aux emplois de bureau ou à ceux du secteur commercial, qui se multiplient dans les années 1920.

L'entrée des jeunes filles dans le monde du travail

À partir d'une étude des mariages à Orléans en 1911, Antoine Prost [1981] montre que la majorité des filles de journaliers,

Tableau 6. — **Proportion de femmes n'ayant pas travaillé avant trente-cinq ans selon la génération et l'origine sociale**

Catégorie socioprofessionnelle du père	**Génération 1917-1924**	**Génération 1925-1934**
Agriculteurs	25,9	25,6
Artisans, commerçants	26,5	23,6
Professions supérieures	32,0	21,5
Professions intermédiaires	16,8	14,1
Employés	19,0	15,8
Ouvriers	19,9	19,0
Ensemble	*23,2*	*20,9*

Source : Desplanques [1987, p. 224, enquête Famille 1982].

d'ouvriers ou de petits employés travaillent au moment de leur mariage. En revanche, le modèle de la jeune fille oisive domine largement dans la bourgeoisie — neuf sur dix des filles de membres des professions libérales, de négociants, de propriétaires sont sans profession. Dans la petite-bourgeoisie de l'artisanat et du commerce ou dans le monde des employés qualifiés, moins d'une jeune mariée sur deux déclare une activité professionnelle.

Pendant l'entre-deux-guerres, les jeunes filles sont de plus en plus fréquemment actives au moins jusqu'à leur mariage. Un quart des femmes nées en 1917 n'ont pas exercé d'activité professionnelle avant leurs trente-cinq ans, cette proportion ne cesse de décliner pour atteindre 18 % parmi les jeunes femmes nées en 1930 [Desplanques, 1987, p. 225]. Ce sont les jeunes filles de la petite-bourgeoisie salariée qui sont le plus fréquemment actives. La proportion d'inactives est plus importante dans les milieux de l'artisanat, du commerce ou de l'agriculture. Mais il est probable que nombre de jeunes femmes travaillent comme aides familiales, sans avoir déclaré de profession. Dans les milieux aisés, les jeunes filles demeurent encore fréquemment inactives mais, des générations de l'après-guerre à celles des années 1930, l'habitude de travailler à l'extérieur, du moins avant le mariage, a gagné ces milieux [Battagliola et Jaspard, 1990].

Des trajectoires professionnelles interrompues

Au début du siècle, l'exercice d'une profession était généralement lié au célibat : les postières, employées ou enseignantes restaient célibataires. Les conditions d'exercice des métiers comme les contraintes du marché matrimonial se conjuguaient pour évincer les femmes du mariage [Farge et Klapisch-Zuber, 1984]. Selon Anne-Marie Sohn [1996], cette relation entre exercice d'une profession et célibat se distend entre les deux guerres. Cependant, le travail domestique et le rôle attendu des femmes comme mères éducatrices deviennent particulièrement prégnants. Deux attitudes coexistent alors : quitter son emploi au moment du mariage ou adopter un comportement malthusien. Dans les années 1920 et 1930, le taux d'activité des femmes mariées dépasse à peine les 20 %, mais, fait nouveau, avec l'augmentation de la nuptialité, leur part dans la population active salariée augmente : elle représente 40 % de la population active en 1936 [Daric, 1947]. Rares sont celles qui n'interrompent pas leur vie de travail : parmi les générations nées entre 1911 et 1935, plus de la moitié des femmes quittent définitivement leur emploi pour se consacrer au foyer [Cambois et Lelièvre, 1988]. Aussi, les courbes d'activité des femmes mariées par âge, reconstituées par Jean Daric sur la population non agricole, montrent une baisse continue de l'activité féminine avec l'âge. La faible natalité de l'entre-deux-guerres a été souvent notée : plus d'une femme sur dix reste célibataire et les femmes de la génération née en 1917-1919 ont en moyenne deux enfants [Desplanques, 1987]. Ce comportement malthusien est particulièrement important parmi les femmes peu qualifiées qui ont eu de longues vies de travail [Rhein, 1977 ; Omnès, 1997].

Développement des activités tertiaires et salarisation des femmes

Selon Yves Lequin [1983, p. 537-538], c'est au développement des activités tertiaires que s'alimente le renouvellement des classes moyennes, à la faveur des nouveaux emplois engendrés par la complexité grandissante de l'économie. De nouvelles filières d'emploi s'affirment ainsi, essentiellement dans les métropoles. Ajoutons que ce renouvellement des classes moyennes se produit en partie par le recours au travail des

Tableau 7. — **Répartition de la population active entre les différents « états » professionnels, 1921-1936**
(en %)

« États » professionnels	**1921**	**1926**	**1931**	**1936**
	Hommes			
Chefs d'établissement	11,1	11,1	11,1	11,2
Petits patrons et travailleurs isolés	11,5	11,2	10,7	12,5
Employés	22,8	20,3	21,2	22,4
Ouvriers	49,5	53,9	52,7	46,1
Domestiques	1,3	1,2	1,2	1,1
Sans-emploi	3,8	1,3	3,1	6,7
Total	*100*	*100*	*100*	*100*
	Femmes			
Chefs d'établissement	10,8	10,5	11,4	11,9
Petits patrons et travailleurs isolés	26,7	20,8	18,8	19,0
Employés	18,4	20,4	22,7	23,5
Ouvriers	25,2	31,8	29,9	26,0
Domestiques	14,4	14,9	14,2	14,3
Sans-emploi	4,5	1,6	3,0	5,3
Total	*100*	*100*	*100*	*100*

Champ : population active hors de l'agriculture.

Source : Daric [1947].

femmes, aspect souvent négligé par l'historiographie jusqu'aux années récentes. Sous quelles formes s'effectue l'appel au travail des femmes ?

On observe, après le recul du service domestique, une stagnation des effectifs féminins dans l'industrie, les transports et la manutention (alors qu'ils augmentent parmi les hommes), enfin un essor des services et des emplois administratifs parmi les femmes. Un partage de la main-d'œuvre des deux sexes en parts quasi égales entre les trois grands secteurs d'activité se réalise dans l'entre-deux-guerres [Marchand et Thélot, 1997, p. 45]. Le salariat augmente après la Grande Guerre surtout parmi les femmes, qui sont moins fréquemment « petites patronnes et travailleuses isolées », mais viennent augmenter la proportion des employées.

Comment se recompose la division sexuelle du travail dans ce contexte de transformation des filières d'emploi et des formes de travail ? Quels emplois, métiers, professions s'ouvrent aux femmes, lesquels leur demeurent fermés ? Pour saisir ces processus, il est nécessaire de désagréger cette nébuleuse hétérogène du tertiaire.

L'entrée des femmes dans les bureaux

L'entrée des femmes dans les bureaux date de la fin du XIXe siècle et s'intensifie pendant et après la Grande Guerre. Les années 1920, période de haute conjoncture marquée par la pénurie de main-d'œuvre, est faste pour l'emploi féminin. En revanche, la crise des années 1930, en accentuant la concurrence entre les sexes, freine la pénétration des femmes dans les emplois qualifiés. Durant l'entre-deux-guerres, la féminisation des emplois administratifs connaît une hausse importante, mais qui reste relative : en admettant les conventions de classement des recensements (proches de celles du recensement de 1896), les femmes constitueraient en 1926 un tiers des employés dans l'industrie, autour de 40 % de ceux qui travaillent dans le commerce, les banques et assurances et les soins personnels, 40 % également des employés des services publics [Zerner, 1985].

Dès les débuts de la féminisation des administrations à la fin du siècle, les femmes sont affectées à des filières d'emploi différentes de celles dévolues aux hommes, comme le montre l'exemple des postes et télégraphes [Pezerat et Poublan, 1984 ; Bertinotti, 1985 ; Bachrach, 1987]. Les receveuses des postes, fréquemment recrutées parmi les veuves de fonctionnaires, se voient cantonnées dans les petites recettes de province, alors que les hommes bénéficient des recettes rémunératrices. Dans les bureaux de postes urbains et au service des téléphones, elles sont souvent embauchées comme auxiliaires. Ces emplois précaires se multiplient après la guerre de 1914-1918. Le licenciement de trois mille auxiliaires au moment de l'automatisation du téléphone en 1934, réintégrées à la suite de protestations, atteste de l'étendue de cette pratique. Le statut d'auxiliaire dure généralement une dizaine d'années, voire plus : en 1930, les employées syndiquées obtiennent que les femmes entrées avant la guerre soient nommées commis. La fréquence du statut d'auxiliaire pendant de nombreuses années prive les femmes de ce qui fait la spécificité du statut d'employé : sécurité de l'emploi, droit à la retraite et à des congés. Lorsqu'elles sont titulaires, les femmes constituent une catégorie séparée de « dame employée », assujettie à une grille de salaire spécifique, et sans perspective de carrière. Ségrégation des tâches et des espaces, inégalités des responsabilités et des traitements sont la règle.

L'exemple de la poste, pionnière en matière de féminisation — en 1921, 52 % des employés y sont des femmes [Zerner, 1985] — s'étend aux autres administrations. Ainsi les différents ministères recrutent-ils des dactylographes qui vont avantageusement remplacer les employés chargés de faire de la copie. À la faveur de la crise du recrutement dans la fonction publique au début du siècle, les dactylographes se multiplient, mais, comme les employées des postes, elles sont souvent auxiliaires et perçoivent des salaires très bas. Bien que les statuts et les emplois soient nettement différenciés selon le sexe, la féminisation des bureaux ne manque pas d'inquiéter. Les employés craignent la concurrence. Le terme de féminisation est utilisé dans le sens péjoratif d'« infiltration » des femmes dans les carrières masculines. L'argument de la moralité est également invoqué, notamment lorsqu'il s'agit de placer des femmes au contact du public. Mais cette opposition cède rapidement et, après la Grande Guerre, l'emploi des femmes apparaît plutôt favoriser le processus de modernisation.

L'embauche de femmes s'accompagne d'un discours justificateur de la part des responsables qui vise à la fois à légitimer leur emploi par les « qualités féminines » et à décourager leurs éventuelles ambitions à faire carrière. Les affinités entre les qualités requises par le travail de bureau et la vie de famille sont particulièrement soulignées : goût du détail, méticulosité, docilité, intelligence réceptive et esprit malléable ; alors que leur manque de force créatrice, de hardiesse, de capacités à exercer l'autorité ou à prendre des décisions les limitent « par nature » aux fonctions d'exécution [Thuillier, 1988].

Féminisation et évolution des emplois de bureau

Avec les emplois de bureau, on assiste à la création de métiers féminins. « Les métiers féminins sont des métiers qui érigent la "féminité" en qualité professionnelle », écrit Josiane Pinto [1990] à propos du secrétariat. Ce qui fait l'unité de ces métiers réside moins dans les tâches et la maîtrise de techniques spécifiques que dans le fait qu'ils soient occupés par des femmes, qui transposent dans l'exercice du métier les qualités implicites attribuées à leur sexe. Elles sont dans une relation de dépendance à l'égard de leurs supérieurs, proche de la relation de service qui définit le rapport des femmes aux membres de leur parenté et qu'elles importent dans le monde professionnel [Chabaud-Richter, Fougeyrollas-Schwebel et Sonthonnax, 1985]. Ainsi, les réorganisations du travail administratif, liées aux mutations de l'appareil productif, n'auraient pu aboutir sans le recours à la main-d'œuvre féminine : c'est l'ajustement progressif entre les propriétés sociales d'une population féminine disponible sur le marché du travail et la demande des entreprises et administrations qui rend compte du processus de féminisation [Pinto, 1987].

Dans un premier temps, les jeunes filles qui entrent dans les bureaux sont généralement issues de la petite-bourgeoisie, ayant profité de l'expansion de la scolarité dans le primaire supérieur. Elles trouvent dans ce statut un débouché honorable (souvent faute de poste d'institutrice) même si elles restent cantonnées dans des postes précaires ou subalternes [Sornaga, 1984]. Le monde des employées reste en effet relativement fermé sur lui-même, comme le montre l'étude de Catherine Omnès [1997] sur des générations d'ouvrières parisiennes : les générations nées à la fin du XIXe siècle sont rarement passées d'un emploi d'ouvrier à un emploi d'employé. En revanche, la génération née à la veille de la Première Guerre mondiale a plus fréquemment connu ce type de mobilité de l'atelier au bureau.

Après la Grande Guerre s'effectue une mutation des métiers féminins, notamment de celui de sténodactylographe [Gardey, 2001]. Les méthodes tayloriennes pénètrent les bureaux, dans les grandes entreprises les « dactylos » sont regroupées dans des pools, leur production est soumise à des normes de vitesse et les rémunérations au rendement se développent. De même, Laura Frader [1999] montre que les opératrices du téléphone sont une des cibles privilégiées de la rationalisation du travail et du traitement du corps de la travailleuse introduits par la science du travail naissante dans les années 1920. Corrélativement, le recrutement social et les types de formation requis se transforment. Les écoles professionnelles, comme l'école Pigier, se développent rapidement, ainsi que les formations accélérées proposées par les fabricants de machines de bureau. Dans les années 1920, ces employées ont généralement le certificat d'études primaires et quittent très jeunes l'école pour chercher un emploi. Habitant dans la majorité des cas des banlieues ouvrières ou des quartiers populaires de Paris, elles appartiennent à des milieux modestes d'artisans, petits commerçants ou d'ouvriers [Sornaga,

1984]. L'étude menée par Delphine Gardey [1995a] sur les employés de Renault dans les années vingt va également dans le même sens : la plupart des employées ne dépassent pas le niveau du CEP et ont été formées soit dans un emploi antérieur, soit dans le cadre de l'entreprise, où existe un cours de dactylographie. En revanche, les hommes continuent de posséder un niveau d'études au moins égal au brevet et occupent des emplois nettement plus qualifiés ; par exemple, la profession de comptable demeure masculine. L'auteur montre également qu'employés et employées appartiennent à des univers sociaux différents, car les mariages entre employés sont rares, alors que les femmes sont fréquemment mariées à des ouvriers.

L'accroissement des emplois de bureau accompagne leur diversification : à un pôle se situe la dactylo, à l'opposé la secrétaire, dont l'image sociale dépend du statut du patron auquel elle est attachée [Pinto, 1990]. Au sein de cette nébuleuse, des luttes de classement se font jour. Les femmes les plus diplômées tentent d'élargir leurs attributions et de valoriser leurs compétences, délaissant, autant que faire se peut, les emplois subalternes pour des postes plus valorisés. Ainsi, dans l'administration, des postes de responsabilités s'ouvrent aux femmes au cours des années 1920, comme celui de rédacteur ou d'inspectrice générale des services administratifs. Mais, avec la crise des années 1930, la concurrence entre les sexes s'exacerbe et les femmes sont de nouveau exclues de ces postes. Des moyens détournés, comme le recours à la condition d'avoir satisfait aux obligations militaires pour se présenter aux examens et aux concours, suffisent le plus souvent à éliminer les femmes. Suzanne Cordelier écrit en 1935 dans son guide sur les carrières féminines [p. VIII] : « Lorsque des mesures officielles ne sont pas prises pour circonscrire le champ d'activité féminine, le simple jeu de la concurrence dresse devant elle l'opposition des jeunes mâles [...]. La lutte est d'autant plus acharnée que la profession est plus intéressante, plus encombrée, plus atteinte. » En cette période de crise, elle conseille alors aux jeunes filles de se diriger vers des carrières « que la concurrence masculine affecte peu ou point ». Le secrétariat en constitue l'exemple type puisque, défini comme une carrière de « collaboration », loin de concurrencer les hommes, les femmes les secondent.

Ainsi, la déqualification des emplois de bureau n'est pas due au remplacement des hommes par les femmes. Ces dernières sont venues occuper des emplois liés à l'extension et à la rationalisation du travail administratif. L'emploi des femmes a ainsi permis de protéger une majorité d'hommes de la déqualification potentielle en leur réservant les filières les plus qualifiées et promotionnelles, menant vers les emplois de cadre, dénomination qui apparaît en 1936 et s'imposera après la Seconde Guerre mondiale [Boltanski, 1982]. Comme le soulignent Dominique Merllié et Jean Prévot [1997, p. 47], « l'évolution favorable de la structure des emplois masculins est liée au caractère dominé de l'emploi féminin, qui constitue l'un des facteurs structurels à considérer dans la mobilité sociale des hommes ».

Entre vocation et professionnalisation : des métiers féminins

Enseigner, soigner, assister, tels sont tout d'abord les rôles dévolus à toute mère de famille. Les formations qui y conduisent pourront mener à l'exercice d'une profession socialement considérée ou être utilisées dans le cadre domestique. Exaltant des vertus socialement construites comme féminines, véritables « maternité symbolique », ces fonctions consacrent l'existence d'un univers féminin à part et contribuent à délimiter les domaines légitimes de la professionnalisation des femmes [Muel-Dreyfus, 1996].

Enseigner

Devenir institutrice constitue une voie promotionnelle pour les filles des milieux populaires et un métier fort honorable pour celles de la petite ou de la moyenne bourgeoisie. Dès la fin du XIXe siècle, les institutrices sont plus nombreuses que les instituteurs : les femmes représentent 54 % des enseignants du primaire public en 1880, 59 % en 1914, 66 % en 1932, proportion qui restera stable jusqu'au milieu des années 1960. Après de nombreux atermoiements, l'égalité de traitement entre hommes et femmes est acquise en 1919 [Lelièvre et Lelièvre, 1991]. La politique des écoles primaires supérieures de filles, qui dirigent dans cette voie les meilleures élèves, a fortement contribué à la féminisation de la profession. Pour autant, les institutrices n'ont pas remplacé les instituteurs : elles ont embrassé cette profession à la faveur de l'essor démographique de certains départements. Elles ont aussi choisi ce métier, censé plus particulièrement leur convenir, parce que des postes de responsabilités dans l'administration, le commerce ou l'industrie leur demeurent fermés, alors que les jeunes gens le délaissent, à l'inverse, pour mener des carrières plus lucratives et prestigieuses. Le fait que les instituteurs soient d'origine sociale plus modeste que leurs consœurs exprime d'une autre façon le clivage entre les sexes au sein d'une même profession [Berger, 1960].

La féminisation résulte également du changement des conditions institutionnelles d'exercice du métier : tout d'abord, les femmes se sont vu attribuer en priorité le secteur de la petite enfance, puis elles pénétrèrent dans les écoles mixtes (là où le nombre d'élèves ne permet pas d'avoir deux écoles séparées), enfin elles peuvent enseigner dans les écoles de garçons dirigées par leur mari. Dans les écoles mixtes ou dans les écoles de garçons, un couple d'instituteurs peut ainsi se partager les élèves, l'épouse enseignant aux plus jeunes, le mari aux plus âgés [Jacquet-Francillon, Kerroubi et Cacouault, 1994]. Vouée à la petite enfance ou transposant dans le cadre scolaire le couple parental, l'image maternelle de l'institutrice se voit ainsi renforcée.

À la fin du siècle, l'administration s'inquiète du célibat des institutrices, aussi les mariages entre instituteurs sont-ils encouragés. La proportion d'institutrices mariées dans le département de la Manche passe ainsi de 27 % au début du siècle à 56 % en 1922 [J. Ozouf, cité par Lelièvre et Lelièvre, 1991]. D'apostolat laïque impliquant le célibat, le métier d'institutrice apparaît ainsi dès l'entre-deux-guerres comme particulièrement compatible avec les rôles d'épouse et de mère dans la sphère privée.

Les femmes professeurs suivent, avec près de cinquante ans de décalage, un destin social comparable. Jusque dans les années cinquante, se destinent au professorat des femmes instruites dont la plupart demeurent célibataires. La situation s'inverse ensuite de façon spectaculaire, l'enseignement devenant alors une profession convenant particulièrement aux mères de famille. Les choix qui guident la vie familiale pèsent alors sur le rapport au métier et les carrières. Selon Marlaine Cacouault-Bitaud [1999], cela contribue, tout autant que la conception ancienne du professeur femme, à constituer les enseignantes en une catégorie spécifique.

Soigner, assister

Les professions d'infirmière et d'assistante sociale, confondues jusqu'en 1938, ont des origines communes dans la philanthropie et les activités charitables.

Durant les années 1920 et 1930, l'action publique va tendre à supplanter les œuvres philanthropiques et contribuer à la professionnalisation des activités de soins et d'assistance [Rater-Garcette, 1996]. En 1920 est créé un ministère de l'Hygiène, de l'Assistance et de la Prévoyance sociale ; durant les années suivantes, la législation sociale s'étend (notamment les assurances sociales dans les années 1930). En 1922 est institué un diplôme d'État d'infirmière, puis en 1933 un diplôme d'assistante de service social, enfin en 1938 le diplôme d'infirmière visiteuse fusionne avec celui d'assistante de service social. La consécration par des diplômes manifeste la volonté de reconnaissance des qualifications et des métiers. Une vision plus laïque du métier se fait jour. Les assistantes se défendent d'être des « dames d'œuvre » pour se définir comme des « travailleuses spécialisées, ayant reçu une formation professionnelle préalable, organisant techniquement et rationnellement le dévouement féminin » [Mlle Delagrange, directrice du bureau central des infirmières du ministère de la Santé publique, citée par Cordelier, 1935, p. 2]. La notion de vocation recule — et probablement la règle implicite du célibat —, le recrutement social s'élargit. Cette ouverture de la profession à des jeunes filles de milieu plus modeste accompagne la démocratisation relative des études prolongées dans les années 1930.

Mais, comme pour les enseignantes, la définition de ces métiers continue de s'appuyer sur des qualités attribuées aux femmes. Ainsi, tout en affirmant la nécessité d'une solide formation, Suzanne Cordelier [1935, p. 3] décline les qualités indispensables pour exercer une profession sociale : « Toutes ces femmes doivent mettre au service de leurs tâches la finesse, le doigté, le sens des nuances, la psychologie avertie qu'on reconnaît volontiers aux femmes. »

De modestes possibilités de carrière

Dans l'entre-deux-guerres, le professorat constitue le principal débouché des femmes diplômées. Pourtant, dès le début du siècle, des jeunes filles forcent les portes de l'université. En 1924,

Les origines

Jusqu'à la IIIe République, les soins aux malades incombent aux religieuses. La révolution pastorienne, l'ascension du rôle des médecins, les efforts de l'État pour évincer l'Église de ses bastions traditionnels se conjuguent pour laïciser l'hôpital. Des cours municipaux sont organisés pour les infirmières de l'Assistance publique, une codification des tâches tend à distinguer les fonctions de soignantes de celles de servantes, sans toutefois que l'ambiguïté soit levée [Leroux-Hugon, 1987]. Parallèlement à la formation du personnel de l'Assistance publique se développent des écoles privées qui recrutent dans un milieu social nettement plus élevé. Aussi au début du XXe siècle coexistent une minorité d'infirmières rémunérées — celles de l'Assistance publique, généralement d'origine modeste — et une majorité de bénévoles : infirmières de la Croix-Rouge, issues du haut de la hiérarchie sociale ; infirmières formées dans des écoles privées fondées par des philanthropes, comme l'école de la maison protestante de Bordeaux, créée par une femme médecin, recrutant plutôt dans la bonne bourgeoisie ; enfin les religieuses, qui restent indispensables [Sénotier, 1992].

Les fonctions de l'infirmière ne se limitent pas aux soins prodigués à l'hôpital. Avec la loi sur l'assistance médicale gratuite votée en 1893 se développent les visites à domicile. Naît alors l'infirmière visiteuse, dont les fonctions sont proches du « travail social » effectué par les militantes des associations philanthropiques depuis le début du siècle [Guerrand et Rupp, 1978]. Ces associations, le plus souvent proches du catholicisme social, moins souvent protestantes, cherchent à améliorer tous les aspects de la vie ouvrière par des conseils, la préconisation de règles d'hygiène qui impliquent visites à domicile et suivi des familles. Leurs activités sont généralement bénévoles, mais certaines associations, fondées par des femmes fortunées, emploient des femmes des couches moyennes [Diebolt, 1997]. De nombreuses écoles privées d'obédience catholique ou protestante se créent : en 1908, l'École libre d'assistance privée ; en 1911, l'École normale sociale ; en 1913, l'École pratique de service social. Ces écoles forment des jeunes filles qui envisagent d'exercer une profession sociale, mais aussi des jeunes filles « du monde » qui cherchent à occuper utilement leur temps. Elles proposent en effet des sessions intensives aux « promotrices bénévoles d'action sociale » [Mauvezin, 1925, p. 398].

Après la Grande Guerre, le rôle des infirmières visiteuses s'intensifie afin de lutter contre la mortalité infantile et les fléaux sociaux nés de la guerre : la tuberculose et la syphilis. Dès 1917, la philanthropie américaine vient à la rescousse des œuvres françaises, empruntant souvent les réseaux relationnels noués avant guerre. La mission Rockefeller et la Croix-Rouge américaine sont les plus connues.

le décret Bérard, en unifiant les cursus des deux sexes dans le secondaire, permet aux filles de poursuivre des études supérieures. Ainsi, entre 1925 et 1929, elles représentent la moitié des étudiants en lettres, mais aussi un étudiant en médecine sur six, un sur sept en sciences, 9 % des étudiants en droit (*Annuaire statistique de la France*, Insee, 1955). Au cours de ces années, des femmes accèdent par voie de concours à des postes dans les ministères, alors que les hommes tendent à s'en écarter pour des professions plus lucratives. La progression de la législation sociale, qui jalonne l'édification de l'État-providence, ouvre aussi aux femmes de nouvelles opportunités, comme les lois de protection du travail des enfants et des femmes, d'assistance aux malades, de protection de l'enfance... Selon l'analyse de Linda Clark [2000], un « féminisme maternaliste » à la française favorise l'accès des femmes à la scène publique dans des domaines où leur sont reconnues des qualités et des compétences socialement connotées comme féminines. Cependant, cette spécialisation sexuée des domaines (l'enfance, la protection des femmes et des faibles) a limité sur d'autres plans la progression des femmes. Par exemple, les inspectrices de l'enseignement ont surtout exercé leur autorité sur les écoles enfantines, alors que les inspectrices du travail ont été longtemps écartées de la grande industrie [Schweitzer, 2002].

Si, comme dans d'autres pays, la « barrière du mariage » qui exclut les femmes de l'emploi dès qu'elles se marient n'a pas existé en France, leur accès à des positions supérieures a soulevé controverses et oppositions. Ainsi les arguments selon lesquels les femmes sont inaptes à diriger, qui font consensus surtout en période de crise où s'exacerbe la concurrence entre les sexes, justifient leur exclusion de certains postes et la régulation de la féminisation par la fermeture de concours ou l'instauration de quotas.

VI / Le droit au travail des femmes en question

Après l'embellie économique des années 1920, dont profite l'emploi féminin, la crise des années 1930 s'accompagne d'une remise en question du droit au travail des femmes. La question du travail féminin n'avait cessé d'être débattue par les mouvements en faveur de la natalité, mais le chômage massif constitue un argument de poids pour le retour des femmes mariées au foyer.

Le combat des catholiques

Les groupes catholiques, le plus souvent inspirés par le catholicisme social, sont à la pointe du combat [Bard, 1993] : la Confédération française de travailleurs chrétiens (CFTC) est fondée en 1919, l'Union féminine civique et sociale (UFCS) est créée en 1922 par Andrée Butillard, fondatrice de l'École normale sociale ; l'UFCS est elle-même à l'origine de la Ligue des mères au foyer, reconnue d'utilité publique en 1936. Ces mouvements s'appuient sur les déclarations des plus hautes autorités de l'Église : le pape Léon XIII affirme en 1891 que, « par sa nature même, la femme est destinée aux ouvrages domestiques » (*Rerum novarum*) ; cette affirmation est reprise en 1931 par Pie XI [*Quadragesimo anno*, Knibielher et Fouquet, 1977, p. 307]. Les exemples étrangers confortent également ces positions, comme l'Allemagne, qui contraint les fonctionnaires mariées à la démission. En 1933 se tient un congrès international pour le retour de la mère au foyer et, sur le même sujet, une conférence internationale des associations patronales. Mais, en France, contrairement à d'autres pays, les campagnes en faveur du retour des femmes au foyer n'aboutissent pas à des mesures d'interdiction. Plusieurs raisons peuvent l'expliquer : les féministes se mobilisent ainsi que la CGT pour défendre le droit au travail de toutes les femmes ; surtout, les partisans du retrait des mères de famille du marché du travail se prononcent clairement en 1935 contre toute mesure d'interdiction. L'UFCS et plus encore la CFTC ne peuvent accepter de considérer le mariage et la maternité comme la seule vocation féminine. Le célibat chrétien et l'apostolat social sont aussi, sinon plus, respectables. Les pionnières du travail social ne peuvent se rallier à l'idée d'interdire le travail aux femmes.

En revanche, des mesures incitatives apparaissent souhaitables [Bard, 1993]. Dès 1921, l'abbé Lemire avait soumis à la Chambre le projet d'une allocation destinée aux ouvrières mères de famille qui se consacreraient à leur foyer. Cette proposition n'est pas retenue, mais elle est reprise par l'UFCS. La pratique d'un double barème d'allocations familiales, selon que la mère est ou non au foyer, se répand parmi les patrons catholiques avant l'entrée en vigueur de la loi instituant les allocations familiales en octobre 1933. En 1935, plusieurs propositions allant dans le sens d'une compensation financière versée à toute femme mariée qui quitterait son emploi se succèdent à la Chambre. Le gouvernement Laval prend alors l'initiative d'amputer le salaire des femmes fonctionnaires épouses d'un fonctionnaire, et de réduire le nombre des postes mis au concours pour les femmes dans l'administration. Ces initiatives suscitent un large mouvement de protestation, qui ne s'apaise qu'avec l'arrivée de la gauche au pouvoir. Si les concours s'ouvrent de nouveau aux femmes, mais avec quelques restrictions, en revanche les mouvements en faveur d'une allocation pour la mère au foyer ne désarment pas. En 1938, un décret-loi institue une majoration de salaire versée aux hommes dont l'épouse est au foyer. En 1939, l'allocation de mère au foyer est inscrite dans le code de la famille.

Durant la même période émerge, cette fois dans les milieux féministes, l'idée d'une reconnaissance de la valeur économique et sociale du travail domestique : le salaire ménager en serait la concrétisation. Le travail ménager, mécanisé et rationalisé, est alors à l'honneur avec le Salon des arts ménagers et la publication de nombre de revues d'éducation ménagère. En 1927, dans l'une d'elles au titre évocateur, *L'Organisation ménagère*, on peut lire : « Une ménagère n'est pas une femme sans profession. Le ménage est une profession réelle, parmi les plus indispensables de toutes celles qui existent manuelles et libérales. » Avec le recours aux appareils, aux méthodes d'organisation scientifique du travail et à la réorganisation rationnelle de l'espace domestique, la ménagère sort en effet de l'ombre, même si, dans les pratiques, ce modèle reste très minoritaire [Martin, 1987].

Les femmes et le chômage

Quel est l'impact sur l'emploi féminin de la crise et des incitations visant le retour des femmes au foyer ? Cette question n'a pas de réponse simple car les catégories statistiques visant à mesurer le chômage restent fluctuantes, et surtout parce que l'indemnisation du chômage, différenciée selon le sexe, masque une part du chômage des femmes. La définition du chômage dans les recensements est fixée en 1896, mais exclut de fait des catégories à la fois floues et féminisées : le travail à domicile, les isolés, les domestiques. Dans les années 1930, les critères d'attribution des secours aux chômeurs s'écartent de ceux retenus dans les recensements et fluctuent au cours de la décennie [Marpsat, 1982].

Le traitement des femmes mariées au chômage par les fonds de secours est révélateur d'une conception du travail féminin dépendante de la position subordonnée des épouses : elles sont écartées des secours si leur mari travaille (à moins que ses ressources soient insuffisantes). Lorsque le « chef de ménage » est lui-même au chômage, s'ajoutent à son allocation des allocations supplémentaires pour les membres de sa famille. Les épouses sont alors traitées de la même façon, qu'elles soient au chômage ou ne travaillent pas au-dehors, ce qui n'est pas le cas des enfants. Il résulte de ces différences de traitement selon le sexe des écarts entre chômage secouru et chômage recensé beaucoup plus prononcés parmi les femmes que parmi les hommes : en mars 1936, les chômeurs secourus du département de la Seine représentent 80 % des chômeurs recensés, alors que, parmi les femmes, les chômeuses secourues ne représentent plus que 60 % des chômeuses recensées [Rhein, 1977]. L'assimilation, dans le cas de la femme mariée, du chômage et de l'inactivité professionnelle a probablement contribué à enraciner une conception du travail féminin comme secondaire et contingent. Les femmes mariées auraient alors hésité à se déclarer chômeuses, et l'on peut se demander si elles se percevaient comme telles. C'est ce que semble attester le fait qu'elles déclarent moins de périodes de chômage que les autres travailleurs [Marpsat, 1984]. Ce phénomène de sous-déclaration du chômage apparaît également chez les ouvrières retraitées : seulement 11 % des séquences d'inactivité temporaire qu'elles ont connues au cours de leur trajectoire (en dehors de celles qui sont motivées par une maladie ou des raisons familiales) sont identifiées comme des périodes de chômage [Omnès, 1997].

Dans ce contexte de flottement des représentations et d'incertitude statistique, il est difficile d'évaluer dans quelle mesure la crise a affecté différemment la main-d'œuvre selon son sexe. Cependant, Catherine Omnès, en optant pour une approche localisée (la région parisienne) et longitudinale, et en croisant plusieurs types de sources, remet en question quelques-unes des idées reçues sur les femmes comme victimes principales de la crise. Elle observe tout d'abord une périodicité différente de l'impact de la crise selon les sexes : les femmes sont les premières touchées, mais ensuite les hommes sont plus lourdement affectés ; enfin, après 1936, il y a une nouvelle poussée du chômage féminin. Cette périodicité différente reflète l'effet du facteur principal des différences du chômage selon le sexe : la distribution des hommes et des femmes dans des secteurs d'activité, ou segments du marché du travail différents et la relative permanence de cette distribution au cours de la crise. Dès 1929, le vêtement, le textile et, d'une façon plus générale, les industries de luxe sont touchés. Les femmes sont très nombreuses dans ces secteurs vulnérables, mais elles sont aussi très nombreuses dans des secteurs (ou des professions) nouveaux, relativement bien protégés. Dans la métallurgie et la construction électrique se sont notamment créées de nouvelles professions féminines, qui résistent autant que les professions masculines. Après 1936, la crise s'approfondit dans l'industrie de luxe et touche le secteur tertiaire.

Se superposent, à cette distribution des hommes et des femmes dans des segments différents du marché du travail, les effets dus à l'âge et à la qualification : les plus jeunes et les plus qualifiés sont moins touchés car, le marché se faisant plus sélectif, les entreprises cherchent à fidéliser un noyau dur d'ouvriers et d'ouvrières très qualifiés. Aussi, le fossé se creuse entre une fraction de la main-d'œuvre féminine précarisée, voire exclue du marché du travail, et la fraction la plus expérimentée stabilisée dans les emplois occupés. Les séquences de travail, notamment des ouvrières, peuvent se raccourcir et être entrecoupées de périodes de chômage (ou d'inactivité), mais les femmes sont le plus souvent réembauchées dans la même entreprise ou dans le même secteur. Le glissement global de la main-d'œuvre féminine de secteurs traditionnels comme la couture vers les industries de transformation, « De la couture aux presses » (selon le titre de l'article de Sylvie Zerner [1987]), ne s'est pas effectué à travers la mobilité individuelle, mais par l'embauche de nouvelles générations. Il n'y a pas eu, par ailleurs, de substitution des hommes aux femmes, ni des femmes aux hommes. La division sexuée du travail se maintient aux niveaux les plus fins. La crise apparaît ainsi comme un facteur de stabilité dans le même statut, le même secteur, le même type d'emploi. Aussi, la main-d'œuvre féminine ne peut nullement être qualifiée d'interchangeable, constituant le « volant de main-d'œuvre du capitalisme ». Les femmes ne sont pas non plus cantonnées sur un « marché secondaire précaire et déclinant », qui les vouerait « à un chômage de nature structurelle ». Car elles participent de plus en plus aux marchés professionnels les plus dynamiques et leur position n'y est pas plus instable que celle des hommes, bien que leur qualification ne soit pas souvent reconnue [Omnès, 1997, p. 229].

Vichy et le travail des femmes : « Mères au foyer, travail des femmes »

Ce titre donné par le Commissariat général à la famille en automne 1940 au projet réglementant le travail salarié des femmes manifeste l'« unité politique d'un programme d'imposition idéologique de la "vocation" reproductrice des femmes et de restrictions législatives du travail féminin » [Muel-Dreyfus, 1996, p. 124].

En octobre 1940, le gouvernement interdit l'embauche des femmes mariées dans la fonction publique et parapublique, met en congé sans solde les mères de trois enfants dont le mari travaille, et à la retraite les femmes de plus de cinquante ans. La loi s'étend d'une façon moins rigoureuse au secteur privé. Ces interdictions et restrictions imposées au travail salarié des femmes accompagnent un arsenal juridique visant à renforcer la famille, considérée comme modèle et « unité organique » du fonctionnement social et territoire légitime de l'activité féminine : augmentation de l'allocation de salaire unique dont bénéficient les femmes dès leur mariage et les mères célibataires ; répression accrue de l'avortement, divorce rendu plus difficile et pénalisation de l'abandon de famille [Eck, 1992]. À ces mesures s'ajoute une propagande intense, dans laquelle l'école joue un rôle important, ainsi que la célébration de fêtes investies d'une forte charge symbolique, comme la fête des Mères. Instaurée en 1920, elle n'avait guère eu de succès avant de devenir fête nationale à partir de 1941, marquée par un message du Maréchal aux mères et des distributions de médailles aux mères de familles nombreuses par les municipalités.

Les mesures d'interdiction du travail des femmes, instaurées pendant une période de chômage, ne résistent pas aux besoins en main-d'œuvre et aux difficultés quotidiennes rencontrées par les ménages, dues à la dégradation du pouvoir d'achat et aux difficultés de ravitaillement. L'activité féminine aurait paradoxalement augmenté pendant l'Occupation, mais les fluctuations sont considérables. Le retrait (ou l'éviction) du marché du travail des femmes est très important en 1939 et en 1940 : un tiers puis près de la moitié des ouvrières étudiées par Catherine Omnès [1997]. Plus de la moitié des sorties se produisent avant les mesures d'interdiction du travail des femmes et plus de la moitié proviennent de la métallurgie et des industries connexes. Ce sont les femmes jeunes qui n'ont pas eu l'occasion de se stabiliser dans un emploi qui sont débauchées. Ayant subi la crise des années 1930 puis les difficultés liées à la guerre et à l'Occupation, ces femmes ont des trajectoires professionnelles très discontinues ou apparaissent durablement écartées du marché du travail. Elles ont été licenciées au moment de la démobilisation ou se sont découragées après dix ans de marché du travail déprimé. Celles qui se maintiennent dans l'emploi sont en revanche particulièrement stables pendant toute la durée du conflit. Les années 1939 à 1944 sont marquées par un fort recul des effectifs des ouvrières par rapport à la période précédente, alors qu'augmentent les emplois de service ou les emplois de bureau peu qualifiés, accentuant la tertiarisation de la main-d'œuvre féminine.

VII / 1945-1975 : prospérité et comportements d'activité des femmes

Au cours des années d'après guerre, une importante production de connaissances sur l'activité professionnelle des femmes voit le jour. Bénéficiant de la création d'institutions de recherche, ces travaux reflètent les questions qu'a fait surgir l'appel à la main-d'œuvre féminine lié aux mutations de l'appareil productif et à la salarisation massive des femmes mariées et mères de famille. Les travaux des pionnières, comme Madeleine Guilbert, Viviane Isambert-Jamati ou Andrée Michel [Guilbert, Lowit et Zylberberg-Hocquart, 1977 ; Guilbert, 1999], ont mis l'accent sur la croissance de l'activité féminine et son rôle moteur dans l'émancipation des femmes. Mais, en même temps, elles ont montré le revers de la médaille : la pérennité des inégalités entre les sexes, qui se manifestent dans le monde du travail (maintien des femmes dans des emplois répétitifs, peu rémunérés et sans perspective de carrière) et dans la sphère familiale où le travail domestique, effectué par les femmes, engendre la « double journée des mères de famille ».

Activité professionnelle et parcours de vie

Comment se répartit le temps du travail professionnel dans le parcours de vie ? Combien d'années de leur vie hommes et femmes consacrent-ils à leur activité professionnelle et comment cette durée évolue-t-elle au cours des générations ? La réponse à ces questions n'est pas simple, car plusieurs modes d'approche sont possibles.

L'évolution temporelle des comportements

L'évolution temporelle des comportements apparaît comme le produit d'une combinaison entre des effets d'âge, des effets de moment et des effets de génération [Kessler et Masson, 1985]. L'effet d'âge suppose que la position dans le cycle de vie est déterminante pour le comportement étudié. L'âge biologique est généralement secondaire par rapport aux aspects institutionnels et sociaux. Par exemple, la prolongation de la scolarité a favorisé l'émergence d'une culture adolescente, caractérisée par un ensemble de pratiques de consommation et culturelles, de goûts et d'usage du temps [Boltanski, 1966]. Les effets de moments font intervenir la conjoncture sociohistorique qui touche toutes les classes d'âge, mais le plus souvent de façon différenciée. Il peut s'agir d'une guerre, d'une crise ou au contraire d'une embellie économique, etc. Appartenir à la même génération implique de partager au cours de son existence un même contexte de vie ou de connaître des événements significatifs au même moment de son cycle de vie. Ces expériences communes contribuent à rapprocher les comportements et les visions du monde et à modeler les trajectoires sociales. Par exemple, les femmes de la génération du *baby-boom* sont les premières à avoir eu des comportements d'activité continue au cours de la vie ; la génération de mai 1968 a été marquée, certes de façon différente selon l'âge, la catégorie sociale, le sexe, etc., par des expériences militantes communes. Démêler ces différents effets est complexe, pas même souvent possible. Mais l'approche longitudinale, en s'intéressant au devenir collectif des individus de la même génération, semble la plus apte à fournir des éléments de réflexion [Lévy, 1993]. Elle permet en effet de suivre au fil du temps le comportement de chaque génération, de comparer le profil de plusieurs générations au même âge : par exemple, on peut retracer la courbe d'activité des femmes nées en 1930 selon l'âge et la comparer à celle des femmes nées vingt ans plus tard (chaque génération pouvant en outre être regardée en fonction du contexte socio-économique particulier qu'elle a traversé). Cette analyse est différente de l'approche dite transversale, qui fournit une photographie des courbes d'activités par âges, par années d'observation en superposant les taux d'activité de générations différentes. Mais des données longitudinales ne sont pas disponibles pour les générations trop récentes pour avoir vécu les événements étudiés.

Évolution du temps consacré à l'activité professionnelle au cours de la vie

Le recul de l'âge légal du travail (quatorze ans en 1936, seize ans en 1959) s'accompagne d'une tendance à prolonger la scolarité des enfants afin de leur assurer une meilleure insertion professionnelle. À l'autre extrémité de la vie, la retraite intervient de plus en plus tôt. Parmi les hommes, cela se traduit par une très légère baisse de la durée de la vie de travail, car le recul de la mortalité a en partie compensé la concentration de la vie active aux âges de la maturité : les hommes nés au début du XXe siècle ont travaillé en moyenne trente-neuf ans, ceux nés en 1970 travailleront probablement autour de trente-six ans (cette durée étant estimée puisque cette génération est loin d'avoir achevé sa vie de travail. L'estimation des valeurs centrales s'appuie sur un scénario concernant les taux d'activité, comportant en particulier le maintien de l'âge de départ à la retraite à soixante ans et l'hypothèse d'un recul du chômage). Parmi les femmes, la hausse de l'activité à l'âge adulte se combine à l'allongement de l'espérance de vie pour produire un bond en avant de la durée de leur vie professionnelle : elle passe de plus de vingt ans dans la génération née en 1910 à une durée estimée de trente-deux à trente-cinq ans dans celle née en 1970 [Marchand, Minni et Thélot, 1998]. Le rapprochement des durées de la vie active parmi les hommes et les femmes n'apparaît donc que très récemment au milieu des années 1970, moment où décollent les taux d'activité féminins à tous les âges.

Mais parmi les générations qui atteignent aujourd'hui l'âge de la retraite, les différences entre les sexes perdurent. En effet, des générations de la Grande Guerre à celles du milieu des années 1930, le temps passé dans les différentes occupations au cours de la vie demeure relativement stable au sein de chaque sexe et très contrasté d'un sexe à l'autre.

Des trajectoires professionnelles féminines discontinues

Parmi les femmes, plusieurs configurations de la vie professionnelle coexistent : les catégories qui s'appliquent aux hommes, qui ne peuvent être qu'actifs ou (exceptionnellement) inactifs, sont insuffisantes pour saisir la complexité des biographies professionnelles des femmes [Labourie-Racapé, Letablier et Vasseur, 1977] : certaines sont actives toute leur vie, d'autres au contraire ne feront jamais l'expérience de la vie professionnelle, les troisièmes enfin, selon des modalités diverses, alternent emploi et foyer. Le poids respectif de ces différents modèles dans la population féminine varie fortement selon les générations.

D'une génération à l'autre, les inactives totales régressent régulièrement pour constituer moins d'une femme sur dix dans la génération 1941-1945 ; les actives continues augmentent alors que décroissent les actives discontinues, les femmes nées entre 1941 et 1945 se partagent quasi à égalité entre actives continues

Tableau 8. — **Nombre moyen d'années passées dans les différentes occupations par sexe et génération (de cinq à quarante-cinq ans)**

Génération / Occupation	1916-1920	1921-1925	1926-1930	1931-1935
	Hommes			
Au foyer	0,9	0,7	0,9	0,7
Études	10,2	10,3	10,5	10,9
Service militaire	0,8	0,2	0,6	1,3
Mobilisation	2,0	1,0	0,1	0,1
Emploi	26,6	28,3	28,4	27,5
Autres. indéterm.	0,5	0,5	0,5	0,5
	Femmes			
Au foyer	15,3	13,9	12,7	12,3
Études	9,4	10,6	10,6	10,9
Emploi	15,9	16,0	17,3	17,4
Autres. indéterm.	0,4	0,5	0,4	0,4

Source : Enquête INED, « Triple biographie ». Le tableau porte sur la tranche d'âge cinq ans-quarante-cinq ans, âge atteint par la génération la plus jeune au moment de l'enquête [Kasparian, 1993].

et actives discontinues. En outre, les profils des actives discontinues ont changé : alors que dans les années 1920-1930 les courbes d'activité déclinaient régulièrement avec l'âge, l'activité féminine a pris la forme d'une courbe à deux bosses, ce qui signifie que les femmes reviennent sur le marché du travail après avoir élevé leurs enfants. Il faudra attendre les générations nées au cours des années 1950 et qui entrent sur le marché du travail dans les années 1970 pour voir dominer la continuité des trajectoires féminines.

Des femmes actives de plus en plus souvent mariées et mères

Le taux d'activité des femmes mariées reste relativement constant jusqu'à la fin des années 1960 : un tiers d'entre elles sont actives en 1954, 40 % en 1975, mais leur part dans la population active s'accroît, passant de 49 % de la population active en 1954 à 62 % en 1975. Durant cette période, ce sont ainsi les femmes mariées qui ont fourni la plus importante contribution à l'augmentation de la main-d'œuvre féminine.

Tableau 9. — **Répartition des femmes par le type de trajectoire professionnelle selon la génération**

Trajectoire professionnelle \ Génération	1918-1922	1923-1927	1931-1935	1936-1940	1941-1945
Active continue	14,4	29,1	28,3	38,5	44,5
Inactive totale	20,9	20,4	15,1	12,0	8,8
Active discontinue	64,7	50,5	56,6	49,5	46,7

Source : Enquête « Famille » 1982 et 1990. Personnes âgées de quarante-neuf à soixante-cinq ans au moment de l'enquête. Seules les interruptions de plus de deux ans sont prises en compte [Desplanques, 1987 ; Desplanques, Raton et Thave, 1991].

Document 2. — **Taux d'activité par âge selon les générations nées de 1930 à 1955**

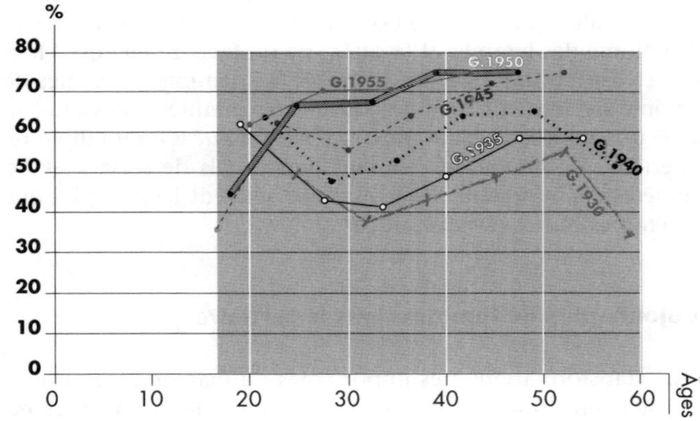

Lecture : chaque courbe reconstitue l'évolution des taux d'activité selon l'âge pour chaque génération. Par exemple, à vingt-cinq ans, la moitié des femmes nées en 1930 sont actives.

Source : Recensements et enquêtes sur l'emploi. D'après Desplanques, Raton et Thave [1991, p. 11].

En outre, ces mères du *baby-boom* élèvent nettement plus d'enfants que leurs aînées. Leur activité varie avec le nombre d'enfants et l'âge du plus jeune, mais élever un ou deux enfants se conjugue de plus en plus souvent avec l'exercice d'une activité professionnelle. L'évolution observée peut se résumer par le fait qu'en 1975 le taux d'activité des mères de trois enfants ou plus, tous d'âge scolaire, avoisine celui des mères d'un enfant de moins de deux ans en 1962.

Tableau 10. — **Taux d'activité des femmes avec conjoint selon le nombre d'enfants de seize ans au plus**

	Un enfant	Deux enfants	Trois enfants et plus
1954	36	25	19
1962	39	26	16
1968	44	29	17
1975	56	41	23

Source : Recensements, d'après Courson et Saboulin [1985].

La relation négative entre le nombre et l'âge des enfants et l'exercice d'une activité professionnelle se distend avec le niveau de diplôme des femmes et la catégorie professionnelle qu'il leur permet d'atteindre : plus de la moitié des femmes démunies de diplôme deviennent inactives après une première naissance, à peine une sur dix de celles qui ont le baccalauréat ou un diplôme supérieur. De même, les femmes personnels de service et les ouvrières abandonnent beaucoup plus souvent leur emploi que les femmes cadres [Deville, 1977].

Toujours plus de femmes dans le tertiaire

Les transformations très importantes du marché du travail et des caractéristiques de la population active féminine permettent de cerner les évolutions des comportements d'activité des femmes.

Après la Libération et jusqu'au début de la récession en 1974 s'installe une forte pénurie de main-d'œuvre, la demande des entreprises stimule alors l'offre de travail des femmes. De 1954 à 1975, un peu plus de femmes que d'hommes contribuent à l'augmentation de la population active : près de 15 millions de femmes pour 14 millions d'hommes. Au cours de ces trente années, la participation féminine, faible au départ, s'accentue à partir du milieu des années 1960 : entre 1968 et 1975, les femmes contribuent pour les trois quarts à l'accroissement du nombre d'actifs (1,0 sur 1,4 million) [Huet, 1977].

Dans la France de l'après-guerre, le poids de l'agriculture reste important : les agriculteurs représentent 20 % des actifs des deux sexes et un quart des femmes. Le nombre des ouvrières avoisine celui des agricultrices et les deux catégories ouvrière et personnel de service représentent un tiers des femmes actives. Peu de femmes occupent une profession libérale ou sont cadres supérieurs (1 % seulement) et la moitié d'entre elles sont professeurs ; 6 % sont cadres moyens, dont plus de la moitié sont institutrices ou travaillent dans le secteur médico-social ; enfin une femme sur six est employée, catégorie composée pour moitié de femmes. Moins d'un tiers des hommes sont non salariés mais près de 40 % des femmes, dont une part importante d'aides familiales.

Vingt ans plus tard, les cadres et les employées constituent près de la moitié de la population active féminine, la proportion d'ouvrières et de personnels de service est demeurée stable (un tiers de la population active). En revanche, la population agricole voit ses effectifs diminuer de plus de la moitié et les agricultrices ne représentent plus que 7 % de la population active. Le salariat a gagné parmi les hommes (80 %) et les femmes (83 %).

La régression des professions indépendantes s'accélère entre 1968 et 1975, alors que l'industrie continue de créer des emplois, mais à un rythme beaucoup moins soutenu que le tertiaire : 440 000 emplois sont créés dans l'industrie contre 1,5 million dans le tertiaire, secteur qui a offert de très nombreux débouchés aux femmes.

Certes, les postes offerts ne sont pas toujours qualifiés : le nombre des employées a été multiplié par près de deux entre 1954 et 1975 ; à cette dernière date, le nombre des employées dépasse celui des ouvrières. Le nombre des cadres moyens a été multiplié par trois, mais leur part dans l'emploi des femmes reste modeste, il passe de 6 % à 15 %. En outre, ce sont les professions moyennes et déjà très féminisées d'institutrice ou de personnel des services médicaux et sociaux que les femmes viennent encore grossir : 282 000 femmes en 1954 (71 % de femmes), 704 000 en 1975 (le taux de féminisation restant stable, voire en légère diminution). La présence des femmes dans les professions supérieures demeure insignifiante : 74 000 femmes dans les professions libérales et cadres supérieurs en 1954, 336 000 en

Tableau 11. — **Répartition de la population active par catégorie socioprofessionnelle et proportion de femmes en 1954 et 1975**

Catégories socioprofessionnelles	Effectifs ensemble	Effectifs femmes	% femmes	Part des femmes
		1954		
Agriculteurs	3 983	1 643	24,7	41,3
Salariés agricoles	1 152	171	2,6	14,8
Patrons de l'industrie et du commerce	2 296	856	12,9	37,3
Professions libérales et cadres supérieurs	554	74	1,1	13,4
dont professeurs, professions littéraires et scientifiques	*81*	*32*	*0,5*	*39,5*
Cadres moyens	1 140	428	6,4	37,5
dont instituteurs, services médicaux et sociaux	*399*	*282*	*4,2*	*70,7*
Employés	2 078	1 092	16,4	52,6
Ouvriers	6 465	1 476	22,2	22,8
Personnels de service	984	786	11,8	79,9
Autres catégories	499	121	1,8	24,2
Ensemble	*19 151*	*6 647*	*100,0*	*34,7*
		1975		
Agriculteurs	1 652	565	6,9	34,2
Salariés agricoles	372	43	0,5	11,6
Patrons de l'industrie et du commerce	1 712	574	7,1	33,5
Professions libérales et cadres supérieurs	1 450	336	4,1	23,2
dont professeurs, professions littéraires et scientifiques	*371*	*174*	*2,1*	*46,9*
Cadres moyens	2 768	1 251	15,4	45,2
dont instituteurs, services médicaux et sociaux	*1 037*	*704*	*8,7*	*67,9*
Employés	3 842	2 456	30,2	63,9
Ouvriers	8 202	1 836	22,6	22,4
Personnels de service	1 250	973	12,0	77,8
Autres catégories	523	98	1,2	18,7
Ensemble	*21 771*	*8 132*	*100,0*	*37,4*

Source : Recensements de 1954 et de 1975, Insee.

1975, dont plus de la moitié concentrée parmi les professeurs et les professions littéraires et scientifiques.

Appel à la main-d'œuvre féminine ou politique de la femme au foyer ?

Les années 1950 et 1960 sont fréquemment perçues comme celles de l'âge d'or de la famille et de la femme au foyer, avec la hausse et la précocité accrues des mariages, l'augmentation du nombre d'enfants, liée à la régression de l'infécondité et des enfants uniques au profit des familles de deux et trois enfants. Pourtant, prolongeant les tendances apparues dans l'entre-deux-guerres, peu de femmes restent désormais totalement à l'écart du marché du travail, et les femmes mariées et mères de famille constituent une part de plus en plus importante de la population active. Mais leur présence sur le marché du travail se module en fonction des besoins familiaux. Il est vrai que les évolutions s'accélèrent après 1968 et annoncent celles qui marqueront les vingt dernières années : le cumul de l'activité professionnelle et des « charges » de famille. Le changement des comportements d'activité accompagne une baisse de la fécondité, amorcée depuis le milieu des années 1960, et un relâchement du lien conjugal dans les années 1970.

Cette période peut alors apparaître comme la transition d'une phase historique qui conjugue la salarisation massive des femmes et l'extension de la famille conjugale. Le travail des femmes apparaît comme un facteur de régulation entre les structures productives et familiales, en jouant le rôle d'appoint ou de substitution occasionnelle à l'activité du chef de famille [Barrère-Maurisson, 1984]. Dans ce cadre très général, mais qui présente l'intérêt de mettre l'accent sur la division du travail qui règne à la fois dans la sphère professionnelle et dans l'univers domestique, différents facteurs peuvent agir en sens opposé.

Tout d'abord, la généralisation de l'instruction des jeunes filles répond au développement d'emplois ou de métiers exigeant un niveau moyen d'éducation, surtout dans le secteur des services. Or, ces emplois sont perçus comme particulièrement adaptés aux femmes, qu'il s'agisse des professions sociales et de santé [Kergoat *et al.*, 1992], de l'enseignement [Cacouault-Bitaud, 1987] ou des emplois de bureau [Pitrou *et al.*, 1984].

Tableau 12. — **Taux d'activité des femmes mariées vivant avec leur mari selon la catégorie socioprofessionnelle de ce dernier en 1968**

Catégorie socioprofessionnelle du mari	Taux d'activité des femmes
Exploitants agricoles	60,5
Patrons de l'industrie et du commerce	42,1
Cadres supérieurs	29,2
Cadres moyens	43,6
Employés	43,5
Ouvriers	32,9

Source : Recensement, d'après Michal [1973].

Ensuite, les aspirations à la mobilité sociale des membres des milieux populaires ou des petites classes moyennes ne peuvent se réaliser que grâce à l'apport de deux salaires. La consommation des ménages augmente fortement dans les années 1950-1960 et les conditions de vie, notamment de logement, restent difficiles, contraignant maints ménages à accéder à la propriété : la proportion de ménages ouvriers propriétaires de leur logement double entre 1954 et 1973, passant de 20 % à près de 37 % [Verret, 1979]. La consommation se dirige notamment vers les produits susceptibles d'alléger les tâches domestiques : les aliments tout prêts font leur apparition, ainsi que les textiles ne nécessitant pas de repassage. L'équipement en appareils ménagers progresse rapidement en 1954, 7,5 % des ménages possèdent un réfrigérateur, 8,4 % une machine à laver le linge ; en 1974, ces proportions atteignent respectivement 86 % et 66 %. Un quart des ménages possède une automobile en 1957, ils sont 62 % en 1973 [Pascaud, 1974, p. 25].

Pourtant, le modèle de référence féminin reste celui de la femme au foyer. Les années 1950 voient la cristallisation de cet idéal féminin, né dans l'entre-deux-guerres, qui érige la femme en épouse et mère. Que le mari connaisse une mobilité sociale ascendante et la femme parvient difficilement à justifier la poursuite de son activité professionnelle, sauf si elle s'exerce dans un domaine particulièrement valorisant. Certes, l'allègement des contraintes financières du ménage joue en faveur de l'interruption, mais ce n'est pas l'unique facteur : une épouse au foyer est aussi une marque de la réussite sociale masculine (selon l'analyse de Thorsten Veblen [1899]). Dans les catégories « moyennes » (maris cadres moyens et employés), l'importante activité des femmes peut étayer la mobilité familiale ascendante, alors que les épouses de cadres supérieurs sont plus souvent inactives. L'inactivité également fréquente des femmes d'ouvriers relève d'autres raisons, dont la principale est la faiblesse des salaires des femmes peu qualifiées, compensant difficilement les charges familiales dues à l'absence de la mère au foyer (notamment les frais de garde des enfants et la baisse importante des prestations sociales).

Les politiques de la femme au foyer

À la fin de la guerre, les politiques publiques, inexistantes en ce qui concerne l'emploi féminin, encouragent en revanche la natalité et le maintien de la femme au foyer. Outre les allocations prénatales, les efforts publics se portent sur la protection des mères et des nourrissons. La garde des jeunes enfants demeure un problème insoluble faute de crèches, garderies et jardins d'enfants. Le système fiscal, par le biais du quotient familial, joue en défaveur du travail des femmes : le calcul de l'impôt sur le revenu reposant sur la taxation conjointe des époux pénalise les revenus de la femme, qui, dans la conception dominante du salaire d'appoint, viennent s'ajouter à ceux du mari et sont donc imposés à des taux plus élevés que s'ils étaient déclarés séparément (cas des couples non mariés jusqu'à une période très récente). La conjugaison des allocations familiales et de l'allocation de salaire unique (complétée par l'allocation de « mère au foyer » destinée aux non-salariées en 1955) incite les femmes à rester au foyer.

L'allocation de salaire unique (ASU) devient la pièce maîtresse de la politique familiale après 1945 [Martin, 1998]. Jusqu'à la suppression de l'ASU en 1978, l'aide aux familles est subordonnée à deux critères : l'activité ou l'inactivité professionnelle de la mère et la progressivité des prestations en fonction du rang de l'enfant à partir du deuxième. Le modèle de comportement privilégié est moins celui de la famille nombreuse que celui de la femme au foyer ; l'écart entre les montants des prestations se situe en effet entre le premier et le deuxième enfant, alors que la politique en faveur du troisième enfant ne s'intensifie qu'à la fin des années 1970. En mettant en parallèle l'évolution des montants des prestations et celle des taux d'activité des mères, Jacqueline Martin met en évidence l'effet incitatif des politiques sur le comportement d'activité des femmes. Ce qui est identifié comme une spécificité de la main-d'œuvre féminine — sa discontinuité — apparaît alors comme le produit d'une construction sociale : « Lorsque ce comportement est mis en relation avec la progressivité des prestations, il apparaît plutôt comme un comportement spécifique lié à une période et à une politique familiale visant à modifier l'activité professionnelle des mères de famille. » Cet arsenal de mesures de politique familiale agit aussi d'une façon indirecte sur les pratiques en contribuant à définir et à consacrer des modèles légitimes de comportements à travers les critères qui président à l'attribution des prestations [Lenoir, 1985].

VIII / Tournant XXe-XXIe siècle : crise et comportements d'activité des femmes

La hausse de l'activité professionnelle des femmes, déjà visible au cours de la période précédente, s'accentue au cours des années 1970 : l'augmentation des taux d'activité se poursuit à tous les âges, se traduisant par une contribution de plus en plus importante des femmes à la population active. En 1975, sur vingt-deux millions d'actifs on comptait huit millions de femmes, soit un travailleur sur trois ; entre 1975 et 1998, la population active masculine reste quasiment stable alors que la population active féminine augmente de quatre millions de personnes, les femmes constituant en 2005 près de la moitié de la population française au travail (46 %). Le salariat domine très nettement (86,7 % des hommes, 93,3 % des femmes) et la tertiarisation du travail s'est poursuivie : en 1982, 47 % des hommes et 71 % des femmes étaient employés dans le tertiaire ; en 2002, ils sont respectivement 61 % et 84,7 % (enquêtes Emploi). Les hommes et les femmes ont continué à entrer de plus en plus tard sur le marché du travail, mais parmi les femmes la diminution de l'activité chez les jeunes a été très largement compensée par l'augmentation de l'activité aux âges de la maturité : en 1975, près de 60 % des femmes âgées de vingt-cinq à quarante-neuf ans étaient actives, c'est le cas de plus de 80 % d'entre elles en 2006. Les comportements d'activité des hommes et des femmes se sont ainsi fortement rapprochés.

La discontinuité de l'activité professionnelle des femmes, qui faisait encore sa « spécificité » au cours de l'après-guerre, devient marginale. C'est la conjugaison de la régression des interruptions d'activité et des reprises plus fréquentes et plus rapides après un arrêt qui alimentent le gonflement des effectifs d'actives, bien plus que la baisse de l'inactivité déjà bien engagée précédemment [Huet, 1982]. Comme si des évolutions progressives engendraient un basculement des normes sociales, s'impose au cours des années 1980 un modèle de comportement qui implique le cumul de l'activité professionnelle et de l'activité familiale.

La raréfaction des emplois et l'envolée du chômage n'ont pas entraîné un retrait massif des femmes du marché du travail, mais se sont traduites par l'accentuation d'un clivage au sein de la population féminine. Celles qui accèdent à l'enseignement supérieur mènent des carrières qui tendent à se rapprocher de celles de leurs homologues masculins. À l'inverse, les femmes peu diplômées sont particulièrement exposées aux formes de précarité de l'emploi qui se développent à la faveur du chômage massif et de l'inflexion des formes de gestion de la main-d'œuvre.

Les chemins de l'égalité professionnelle

Actuellement plus que jamais, la détention d'un diplôme constitue un sésame pour l'emploi et la carrière. La prolongation de la scolarité a concerné tous les jeunes, mais l'essor de la scolarisation des filles est apparu comme un phénomène social majeur dès lors qu'elles ont dépassé les garçons dans l'obtention du baccalauréat, diplôme si symboliquement significatif en France [Baudelot et Establet, 1990]. Cela se produit au sein de la cohorte entrée en sixième en 1962 et ce mouvement se poursuit dans les cohortes suivantes. La présence des filles dans l'enseignement supérieur s'accroît en proportion puisque le nombre des étudiantes surpasse celui des étudiants au milieu des années 1970.

Mais cette meilleure réussite scolaire des filles apparaît paradoxale lorsqu'on constate qu'elles continuent de se diriger (ou d'être dirigées) vers les filières d'études traditionnellement perçues comme les plus féminines (filières littéraires ou tertiaires) et demeurent sous-représentées dans les sciences et techniques : en 1997-1998, 56 % des étudiants sont des étudiantes, mais ces dernières ne représentent que 35 % des étudiants en sciences et structures de la matière et 21 % en sciences et technologie et sciences pour l'ingénieur [ministère de l'Éducation nationale, de la Recherche et de la Technologie,

1998]. Près de dix ans plus tard (2006-2007), tous niveaux réunis, les filles constituent les trois quarts des étudiants en lettres, sciences du langage ou langues. Elles ont progressé en sciences, mais ne représentent qu'un tiers des effectifs des étudiants en sciences fondamentales et applications (Direction de l'évaluation, de la prospective et de la performance, 2008).

Au-delà des divergences des interprétations de la réussite scolaire des filles et de la pérennité de leurs orientations, on peut souligner que l'amélioration de leur niveau de formation « a accompagné le mouvement historique de salarisation de la main-d'œuvre féminine, rendu irrésistible la montée du taux d'activité des femmes, favorisé la diversification de leurs insertions professionnelles » [Terrail, 1992].

Si la mixité des métiers n'est pas atteinte, si au sein des professions se recomposent des différences sexuées, on assiste cependant à un nouveau partage des territoires entre hommes et femmes.

Les femmes dans les professions supérieures

Contrairement à l'évolution de la scolarisation des filles, qui a suscité de nombreux travaux, l'entrée des femmes dans les professions supérieures (nécessitant généralement un niveau d'études supérieur et regroupées dans les rubriques « cadres et professions intellectuelles supérieures » de la nomenclature de l'Insee de 1990) se développe plus récemment.

Les professions supérieures apparaissent cependant comme un véritable laboratoire pour observer les mouvements de différenciation du travail, des métiers, des carrières entre hommes et femmes. Car qu'il s'agisse des processus de ségrégation horizontale (différenciation des emplois et des métiers) ou de ségrégation verticale (différenciation des carrières), on ne peut incriminer ni le type ni le niveau de la formation des femmes, souvent plus diplômées que leurs collègues. Quels sont alors les mécanismes en jeu si, comme le note Michèle Ferrand [1993], « à chaque pas vers la mixité de la société, à chaque étape vers une plus grande égalité entre les sexes, se mettent simultanément en place des processus sociaux visant à reconstruire la différence » ? Il s'agit de rompre, comme le suggère Johanne Collin [1992], avec une approche statique de la reproduction des rapports de sexe pour mettre l'accent sur les dynamiques qui

La différence des sexes revisitée

Le travail, dès lors qu'il est effectué par les femmes, est-il toujours dévalué, leurs qualifications et savoir-faire déniés ?

La question de la qualification/déqualification est au cœur de la sociologie du travail [Erbès-Seguin, 1999]. Dans les années 1970 et 1980, des approches renouvelées de la division du travail entre les sexes ont vu le jour, prenant en compte simultanément la place des femmes et des hommes dans le monde du travail et dans la sphère familiale. La division sexuelle du travail est alors apparue comme le résultat ou l'enjeu des rapports sociaux entre les sexes [*Cahiers de l'APRE*, 1985 à 1988, collectif, 1984]. Quelles que soient les expressions conceptuelles des rapports sociaux de sexe, comme le souligne Danièle Chabaud [1984], c'est lorsque le travail domestique a été perçu comme un travail, effectué dans le cadre de rapports sociaux antagoniques, qu'ont pu émerger de nouvelles problématiques de la division sexuelle du travail. Les quantifications du travail domestique ont ici joué un rôle fondamental [Chadeau et Fouquet, 1981]. Il ne s'agit plus alors de prendre seulement en compte comment les « charges » familiale et domestique constituent un frein à l'activité professionnelle des femmes. Il s'agit d'examiner comment les employeurs recourent aux savoir-faire, et plus largement aux dispositions, que les femmes ont acquis dans la sphère domestique, tout en leur déniant toute qualification. Il en est ainsi des « qualités » de rapidité et de dextérité des ouvrières de l'électronique appréciées par les employeurs, alors qu'elles demeurent ouvrières spécialisées [Kergoat, 1978]. De nombreux travaux se sont appuyés sur l'analyse des trajectoires biographiques, professionnelles et familiales, des hommes et des femmes, pour éclairer les logiques sociales sous-jacentes aux différenciations de sexe [voir, par exemple, Battagliola, Barrère-Maurisson et Daune-Richard, 1983 ; l'ouvrage de synthèse de Commaille, 1993]. Considérer le devenir professionnel des femmes, mais aussi des hommes, selon leur situation familiale contribue d'une autre façon à la mise au jour des rapports de sexe, puisque être marié et père de famille conforte la situation professionnelle des hommes, alors que c'est l'inverse pour les femmes [Ferrand, 1984 ; de Singly, 1987].

Depuis la fin des années 1980, les questions tendent à se déplacer du travail et des rapports entre système productif et structures familiales à la construction sociale de la différence des sexes. En s'appuyant sur la « redéfinition permanente des tâches, des postes, des qualifications, des métiers qui constituent le travail féminin comme différent et, par là même, inégal » [Maruani et Nicole, 1989], il s'agit d'identifier les mécanismes de la construction sociale du féminin et du masculin dans le monde du travail. « Si le clivage masculin/féminin demeure un des socles en béton sur lesquels se construisent les contours du marché du travail, les modalités de ces différenciations sont en perpétuelle mutation. Les frontières se déplacent plus qu'elles ne s'effacent et ce sont ces mouvements qu'il s'agit de repérer » [Maruani, 1998].

Tableau 13. — **Taux de féminisation des professions supérieures en 1982 et en 2002**

	% de femmes 1982	% de femmes 2002	Effectifs femmes 2002
Professions libérales	31,7	37,6	116 826
Cadres de la fonction publique	22,7	35,9	122 078
Professeurs, professions scientifiques	42,4	55,6	434 934
Professions de l'information, des arts et spectacles	43,8	44,4	92 249
Cadres administratifs et commerciaux d'entreprises	18,9	37,9	380 427
Ingénieurs et cadres techniques d'entreprises	6,4	15,6	135 747
Ensemble des cadres et professions intellectuelles supérieures	24,0	36,5	1 282 261

Source : enquêtes Emploi.

reconduisent les clivages entre les sexes, déplacent les limites du masculin et du féminin, ou tendent à estomper les différences.

L'entrée des femmes dans les professions supérieures a accompagné la progression de leur scolarisation dans les années 1970. Ainsi, les femmes ingénieurs, qui ont longtemps plafonné autour de 1 % à 4 % des diplômés chaque année, représentent 20 % des nouveaux ingénieurs en 1990 et constituent un quart des élèves dans les deux cent trente-six écoles d'ingénieurs françaises en 2002 [Marry, 1992, 2004]. Dans le cas de la magistrature, ouverte aux femmes depuis 1946, les femmes sont restées minoritaires jusqu'à la fin des années 1960. En 1998, les trois quarts des candidats sont des candidates et les femmes constituent la moitié des magistrats [Boigeol, 1996, 1997].

Les modes de recrutement jouent un rôle prépondérant : le passage d'un recrutement par la profession à un recrutement appuyé sur les performances scolaires favorise l'entrée des filles. C'est le cas dans la magistrature lorsque, en 1958, est créée une école à laquelle on accède par concours. Une comparaison de la féminisation des professions juridiques en France et en Grande-Bretagne montre que la féminisation plus précoce et plus soutenue en France s'appuie sur le rôle de « levier » des diplômes [Le Feuvre et Walters, 1993]. De même, la pharmacie au Québec a attiré un grand nombre de femmes dès qu'un cursus universitaire long et sélectif s'est substitué à la sélection par la profession [Collin, 1992].

Le cas des ingénieurs est plus complexe car plusieurs filières coexistent, plus ou moins sélectives, et qui se sont ouvertes aux filles à des périodes différentes. Elles ont particulièrement bénéficié du développement d'écoles d'ingénieurs au sein des universités au cours des années 1970, ces filières étant plus mixtes et moins sélectives que les « grandes écoles ». Pour autant les écoles d'ingénieurs qui attirent le plus de filles ne conduisent pas à des diplômes dévalués et sont aussi fréquentées par les garçons. En outre, les filles progressent aussi dans les grandes écoles : de 3 % à Polytechnique en 1972, année où l'école devient mixte, elles passent à 14 % en 1991. Mais elles sont quasi absentes des écoles occupant le bas de la hiérarchie, recrutant, au niveau du baccalauréat technique, essentiellement des garçons qui se dirigent vers la mécanique, les fonctions d'encadrement des services de fabrication ou d'entretien industriels, spécialités et filières d'emploi où les garçons demeurent largement majoritaires.

L'orientation des filles suit une logique de spécialité plutôt que de niveau : ainsi, quel que soit le niveau de l'école, elles optent de plus en plus souvent pour l'agronomie ou la chimie, elles s'orientent également vers des disciplines nouvelles et en fort développement, comme l'informatique.

Peut-on ramener pour autant l'exclusion ou l'auto-exclusion des filles des filières les plus prestigieuses à leur place de dominées que viendrait conforter l'école ? Une étude sur les trajectoires des normaliennes scientifiques invite à nuancer cette interprétation : le goût exprimé par les filles pour les disciplines qu'elles ont choisies manifeste certes l'intériorisation d'un habitus sexué, mais peut être aussi interprété comme l'expression de leur plus grande liberté à l'égard du modèle dominant et masculin de l'excellence scolaire [Ferrand, Imbert et Marry, 1999].

En revanche, la féminisation de la magistrature dans les années 1970 a été favorisée par la désaffection des jeunes gens, elle a aussi accompagné l'évolution des conditions d'exercice de la fonction : rémunérations et conditions matérielles de travail peu attrayantes, avènement d'une justice « de masse », perte de statut du juge. Mais Anne Boigeol [1997] se refuse à voir dans la dévalorisation de la profession la cause de sa féminisation, car les femmes n'occupent pas systématiquement des fonctions dévalorisées. L'entrée des femmes aurait eu lieu de toute manière — la

La féminisation des professions rime-t-elle avec leur dévalorisation ?

Dans un contexte de transformation de nombre de professions supérieures, l'équation entre dépréciation et féminisation ne résiste pas à un examen attentif des processus en jeu et des stratégies mises en œuvre. Plus qu'une réalité, elle manifeste les résistances opposées par les hommes à l'ouverture à l'autre sexe de secteurs d'activité prestigieux qu'ils sont seuls à dominer. Moins que leurs compétences professionnelles, ce sont des caractères spécifiques au sexe féminin qui sont invoqués : l'émotivité, l'absence de maîtrise de soi, l'inaptitude à exercer l'autorité [Cacouault-Bitaud, 2001]. Aussi les pionnières se sont-elles difficilement imposées et souvent au prix d'une neutralisation de leur féminité [Laufer, 1982]. Bousculant les habitudes d'un milieu masculin, la présence des femmes contribue à désacraliser des professions appuyées sur des vertus viriles, incorporées au cours de la formation et renforcées au cours de l'exercice de la profession.

part des filles dans les études de droit augmente très régulièrement depuis le début du siècle —, l'exemple de l'Italie montre que le pouvoir considérable de la magistrature et sa féminisation élevée peuvent aller de pair.

Les différenciations sexuées des métiers et des fonctions : des constantes

Avec l'entrée plus massive des femmes dans les professions, les différenciations entre les métiers et les fonctions assurés par les hommes et les femmes s'atténuent, sans toutefois disparaître. Alors que les hommes se réservent des espaces professionnels, les femmes occupent des niches au sein des professions, où leur présence est tolérée voire encouragée au nom de compétences dont elles seraient par nature détentrices. Elles remplissent des fonctions où elles « restent dans l'ombre », tout en valorisant leur capital de connaissance. Ainsi, les femmes ingénieurs se concentrent dans les fonctions études et recherches, et investissent l'informatique [Marry, 1989]. Les magistrates occupent surtout des fonctions (celles dites du « siège pur ») où elles mettent en œuvre leurs connaissances juridiques théoriques. Elles sont aussi surreprésentées parmi les juges pour enfants où le versant social, mobilisant les compétences réelles ou supposées des femmes dans le domaine de la famille et de l'enfance, supplante le versant purement juridique [Boigeol, 1996]. Logique qu'on peut également voir à l'œuvre dans le choix des spécialités par les femmes médecins ou encore dans les rubriques des journaux, confiées le plus souvent aux femmes, centrées sur les problèmes de société ou la vie pratique et domestique, mettant l'accent sur les vies ordinaires [Neveu, 2000]. Ces exemples montrent l'action conjointe de deux mécanismes sociaux : d'une part, l'assignation des femmes à des sphères déterminées de l'action sociale témoigne de l'intériorisation au cours des processus de socialisation de modèles culturels, d'habitus qui se traduisent en termes de goût et de choix ; mais ces choix se réalisent aussi, dans un milieu professionnel déterminé, à partir de l'exclusion d'autres positions ou du prix fort à payer pour occuper les positions monopolisées par les hommes. Dans les professions évoquées, il s'agit de fonctions où s'exercent en premier lieu des relations de pouvoir et/ou d'autorité, exigeant une grande disponibilité. Le modèle masculin de réussite professionnelle concurrentiel et exigeant « toujours plus » d'investissement tend à exclure une majorité de femmes, qui gèrent conjointement leur carrière et la vie de leur famille. Cependant, lorsqu'on s'élève dans la hiérarchie sociale, les exigences familiales apparaissent moins prégnantes. C'est le cas des femmes ingénieurs, et parmi elles des polytechniciennes pour lesquelles « temps de travail, responsabilités, salaires, mobilité géographique sont peu sensibles au nombre d'enfants ». L'homogamie des couples (formés de deux ingénieurs ou cadres), croissante parmi les jeunes générations, favorise en outre des comportements plus égalitaires en termes d'investissements professionnels, les hommes des jeunes générations cherchant comme les femmes à alléger leur temps de travail [Gadéa et Marry, 2000]. Mais l'accès aux fonctions de direction, auxquelles les femmes arrivent beaucoup moins que leurs homologues masculins, continue d'exiger une forte mobilisation professionnelle [Marry, 2004].

L'interprétation de la différenciation des carrières masculines et féminines tend à mettre l'accent sur les responsabilités familiales assumées par les femmes. Pourtant, depuis les années 1980, de nombreuses recherches ont mis en évidence le rôle masqué des formes de gestion du personnel sur le freinage des itinéraires professionnels des femmes (le sexe du travail). L'intérêt pour le « plafond de verre » auquel se heurtent les femmes, de plus en plus nombreuses, munies des mêmes diplômes supérieurs que leurs homologues masculins, amène à examiner les déroulement de carrières à la lumière du fonctionnement managérial interne aux entreprises. Particulièrement dans les organisations à statut (la monographie citée se situe dans le secteur de l'énergie) [Guillaume et Pochic, 2007], des critères précis fixent les niveaux de recrutement et des carrières-type, suivant un modèle de référence implicitement masculin, impliquant importante mobilisation au travail, disponibilité et mobilité géographique en France et, de plus en plus, à l'étranger. Outre les opportunités plus grandes de parvenir au sommet managérial des titulaires d'un diplôme d'une grande école d'ingénieurs comme polytechnique, plus souvent détenus par les hommes, le parcours de carrière type, dont les étapes sont liées à l'âge, pénalisent les femmes. En couple elles sont moins aisément mobiles, du fait de la carrière de leur conjoint, en devenant mères, tout « retard » pris dans cette course d'obstacle peut se révéler irréversible. Mais plus révélateur est le fait que ce modèle s'impose aussi aux femmes célibataires. Comme il a pu être observé dans d'autres filières d'emplois (employés et employées à la Sécurité sociale par exemple) [Battagliola, 1984], c'est plus encore à travers un ensemble de règles informelles, de pratiques quotidiennes, de représentations sociales que se produit et se reproduit la division sexuée des carrières. Se conjuguent, parmi les cadres, des effets de « cliques » formées par l'entourage proche des dirigeants et de réseaux d'influence. Se constituent ainsi des espaces de sociabilité, favorisant l'entre-soi sexué qui assure soutiens et possibilités d'orienter sa carrière. Les compétences et les façons d'être requises du « haut dirigeant » renvoient également plutôt aux représentations du masculin, alors que la promotion des femmes passe par la neutralisation de leur féminité comme l'avait montré J. Laufer [1982].

Il semblerait qu'aujourd'hui les stratégies des jeunes femmes se diversifient. Cette diversité, qui reste largement à explorer, invite à ne pas se cantonner à des interprétations en termes de réduction ou de permanence des inégalités de sexe sur le marché du travail. Selon Christine Fournier [1997], le diplôme, source d'une plus grande autonomie, « peut être envisagé non seulement comme le ressort d'une réduction systématique des inégalités, mais comme le facteur d'un desserrement des contraintes ». En revanche, c'est l'absence d'autonomie, engendrée par le développement de formes de gestion de la main-d'œuvre visant à une plus grande flexibilité du travail, qui caractérise les situations d'emploi de la majeure partie des femmes faiblement diplômées.

Des inégalités qui se creusent

La dégradation du marché du travail, qui s'accentue depuis plus de vingt ans, a déplacé les frontières des inégalités entre hommes et femmes et a aussi approfondi les écarts entre les femmes. Les inégalités ne se mesurent plus seulement en termes de qualification, de salaire ou de progression professionnelle, mais en termes d'accès au marché du travail et de type d'emploi. Une sociologie de l'emploi s'est ainsi développée qui, à « l'intersection de la sociologie du travail et de l'économie du travail traite des rapports sociaux de l'emploi [...] analyse les mouvements de l'emploi et du chômage comme des *constructions sociales* et non comme des *mécanismes économiques* » [Maruani et Reynaud, 1993, p. 4].

Avec la progression du chômage, l'« emploi type » à temps plein et à durée indéterminée offrant une grande stabilité, qui constituait la référence sinon la norme, s'effrite. Il est remplacé par ce qu'on appelle les « nouvelles formes d'emploi » ou « emplois atypiques » : emplois aidés par l'Etat, intérim, contrats à durée (de plus en plus) déterminée, temps partiel. Le plein-emploi fait place au sous-emploi et à l'éviction du marché du travail d'une partie des personnes souhaitant travailler. Or, ce sont les femmes, et, parmi elles, celles qui sont le moins dotées en capital scolaire, qui sont les plus exposées aux difficultés d'accès au marché du travail, à l'instabilité et au sous-emploi.

Au-delà de ce constat, comment interpréter cette concentration des femmes dont le niveau de diplôme ne dépasse pas un CAP ou un BEP dans les formes les plus instables de l'emploi ?

Un premier ensemble classique d'approches se réfère à la très faible diversité des filières scolaires puis professionnelles vers lesquelles s'orientent (ou sont orientées) les femmes : en 1996, six catégories socioprofessionnelles regroupent 60 % des femmes, toutes situées dans le tertiaire [Fournier, 1997]. Selon Thomas Couppié [1997], les disparités entre les itinéraires des hommes et des femmes ne résultent pas de pratiques discriminatoires à l'égard des femmes, car chacun des sexes se situe dans des segments différents du marché du travail : les garçons dans le secondaire, les filles dans le tertiaire. Or, dans les segments masculins du marché du travail, par exemple dans la mécanique, il y a une bonne adéquation entre le niveau de diplôme et la qualification de l'emploi. Ce n'est pas le cas dans les segments les plus féminins du marché du travail, comme celui constitué

La précarité de l'emploi en chiffres

Des difficultés d'insertion accentuées

Alors que les itinéraires d'insertion des filles et des garçons sont très proches lorsqu'ils ont franchi le niveau du baccalauréat, les filles peu diplômées trouvent beaucoup plus difficilement que leurs homologues masculins un premier emploi [Battagliola, Brown et Jaspard, 1997 ; Battagliola, 2001].

Un surchômage féminin

Si l'écart entre filles et garçons est maximal parmi les plus jeunes sans diplôme, les taux de chômage des femmes sont toujours plus élevés, que l'on considère l'âge, le diplôme ou la catégorie professionnelle. En 2002, plus d'un chômeur sur deux est une femme (52 %), alors que les femmes représentent 45 % de la population active. En 2005, l'écart s'est légèrement comblé : les femmes représentent 50,8 % des chômeurs et 46 % de la population active. Mais le surchômage féminin se maintient quel que soit le mode de calcul du taux de chômage [Attal-Toubert et Lavergne, 2006].

Emplois précaires : un partage inégal

L'intérim reste surtout masculin (34 % de femmes). En revanche, les femmes représentent plus de la moitié des salariés sur contrat à durée déterminée (58 %), et elles sont 62,5 % des stagiaires et « bénéficiaires » des contrats aidés (2002).

Temps partiel : une affaire de femmes

En une dizaine d'années, de 1983 à 1991, le travail à temps partiel a contribué à hauteur de 60 % à la croissance de l'emploi féminin [Meulders, 1995]. De même, de 1990 à 1998, l'accroissement du travail à temps partiel est essentiellement dû aux femmes : 23,6 % des femmes étaient à temps partiel en 1990 (contre 3,4 % des hommes), elles sont 26,7 % en 2002 (4,6 % des hommes), année où elles représentent 83 % des travailleurs à temps partiel. Dans les années récentes, l'importance du travail à temps partiel parmi les femmes ne s'est pas démentie : 29,9 % en 2005 et 32,2 % en 2004 et 2006, contre 5,4 % et 5,8 % parmi les hommes. Le travail à temps partiel est d'autant plus fréquent et imposé que les femmes sont moins diplômées. Devenu un véritable problème social, le sous-emploi atteint 8,6 % des femmes (2,4 % des hommes) en 2006. Les femmes représentent les trois quarts des personnes en sous-emploi, 70,6 % étant concentrées dans les emplois de services (2008).

Note : les chiffres sans indication de source proviennent des enquêtes Emploi de l'Insee.

par les emplois de bureau, où il y a, au contraire, mise en concurrence pour un même poste de titulaires de diplômes de niveaux très différents. Cette mise en concurrence se traduit par une sélection de femmes surqualifiées, alors que les titulaires des diplômes correspondant au poste de travail sont rejetées vers des emplois moins qualifiés et plus précaires ou sont évincées du marché du travail. En outre, la reconnaissance et la définition des qualifications dans les services, mobilisant des compétences personnelles, sont beaucoup plus difficiles à apprécier que la maîtrise d'une technique aisément mesurable [Daune-Richard, 2001]. De tels processus ne sont pas nouveaux et s'ancrent dans l'histoire. Mais la question demeure de savoir pourquoi, aujourd'hui, les hommes parviennent à imposer leur qualification aux employeurs et non les femmes. L'étroitesse du segment du marché du travail qui leur est alloué, ou qu'elles s'attribuent, est-elle seule en cause ?

Selon Chantal Nicole-Drancourt [1990], « la féminisation des emplois atypiques apparaît comme le moyen efficace du passage progressif, et surtout sans obstacle, d'une économie industrielle de croissance fondée sur le plein emploi à une économie tertiaire avec emploi flexible et chômage de croissance ». Ainsi, de même qu'au siècle dernier l'allocation de la main-d'œuvre féminine aux postes de travail a accompagné les processus de rationalisation de la production, en cette fin du XXe siècle, elle permet la mise en place de nouvelles modalités d'emploi. La précarité n'atteint pas l'ensemble du marché du travail car les formes d'emploi atypiques ne sont pas identiques lorsqu'elles s'appliquent aux hommes et aux femmes. Ainsi, l'aménagement et la réduction du temps de travail ne signifient pas la même chose selon qu'il s'agit d'hommes ou de femmes. Côté masculin, l'aménagement et la réduction du temps de travail suscitent débats, voire conflits sociaux, centrés sur la défense de l'emploi et les compensations à apporter à toute contrainte résultant de l'accroissement de la flexibilité du travail. En revanche, la forme la plus répandue depuis une vingtaine d'années de l'aménagement et de la réduction du temps de travail — le travail à temps partiel — n'apparaît pas comme entamant le droit au travail et le rapport salarial. Le consensus, qui s'établit autour du travail à temps partiel pour les femmes, s'appuie sur les notions de « temps choisi » et de possibilité de « conciliation entre vie professionnelle et vie familiale » dont elles seraient les bénéficiaires. Cependant, le travail à temps partiel s'apparente de plus en plus au sous-emploi imposé dans des secteurs féminisés des services comme le commerce, la restauration-hôtellerie, le nettoyage industriel ou les services aux particuliers.

Porté par des mesures incitatives jusqu'en 2000, le temps partiel devient une modalité de la mise au travail des femmes (et des jeunes) particulièrement intéressante pour les employeurs, mais dommageable pour des employées dont le temps est à la disposition des besoins de l'employeur, quelle que soit leur situation familiale [Cattaneo, 1995 ; Alonzo, 1998]. En outre, le travail à temps partiel se conjuguant avec salaire partiel, il contribue à la production des « travailleuses pauvres » [Angeloff, 2000].

Le temps partiel, la forme la plus répandue et la plus féminisée de l'emploi atypique, apparaît ainsi comme le produit d'une construction sociale s'appuyant sur des normes et des représentations du travail des femmes largement partagées. C'est la construction conjointe d'une offre et d'une demande de cette modalité particulière de travail qui permet d'en comprendre l'extension [Maruani et Reynaud, 1993].

Les femmes aux marges de l'activité, de l'emploi et du chômage

Les catégories utilisées pour classer et dénombrer les situations à l'égard de l'activité, de l'emploi et du chômage sont difficiles à mettre en œuvre dans une période où se développent les « marges de l'activité » [Guillemot, 1996]. Or le poids des femmes s'est renforcé non seulement parmi les chômeurs ou les travailleurs précaires, mais aussi dans les positions à la marge [Gauvin, 1995]. Une appréciation de ces marges a été effectuée en comparant les définitions de l'activité ou du chômage à travers plusieurs enquêtes et en mesurant les différences entre les dénombrements des populations qui en résultent.

Comme le souligne Danièle Guillemot, « le classement opéré au moyen des critères du BIT rend mal compte de la montée, depuis maintenant vingt ans, de nouvelles marges de l'activité liées à la crise de l'emploi et au chômage massif et durable ». En mettant en regard plusieurs indicateurs du chômage émergent de nouvelles catégories qui tentent de saisir les situations aux frontières. Tel est le cas de celle des chômeurs découragés : personnes au chômage ayant été amenées à suspendre leur recherche d'un emploi, pour beaucoup parce qu'elles ne pensent pas être en mesure d'en retrouver un. On compte parmi elles 56 % de femmes. À l'inverse, les chômeurs révélés, principalement des femmes (95 %), souhaiteraient travailler mais ne sont pas immédiatement disponibles, essentiellement pour des raisons familiales. Ce sont en fait des actives potentielles, prêtes à rechercher un emploi si la conjoncture s'améliorait.

Compter les actifs, les chômeurs et les inactifs

L'activité

Définition « au sens du recensement » de l'activité : elle s'appuie sur la déclaration des personnes, qui se classent dans l'une des modalités suivantes : exerce une profession à son compte ou comme salarié ; aide un membre de sa famille (rémunéré ou à titre gratuit) ; est apprenti, stagiaire rémunéré, intérimaire, etc. ; chômeur, inscrit ou non à l'ANPE (Agence nationale pour l'emploi), ou encore militaire du contingent. Ces réponses font l'objet de reclassements (redressements) dans deux cas : une personne se déclarant chômeuse mais répondant à la question suivante qu'elle ne recherche pas d'emploi est reclassée inactive ; une personne se déclarant au foyer ou retraitée mais précisant par la suite qu'elle recherche un emploi est classée parmi les chômeurs.

Définition de la population active au sens de la comptabilité nationale : les sources utilisées sont multiples et subissent de nombreux redressements, elle est calculée en moyenne annuelle résultant de la somme de l'emploi intérieur salarié et non salarié, des militaires du contingent et du chômage au sens du BIT (Bureau international du travail), chacune de ces composantes étant calculée indépendamment.

Définition au sens du BIT : la plus utilisée car permettant les comparaisons internationales, selon laquelle sont actives occupées les personnes ayant travaillé au cours de la semaine de référence ne serait-ce qu'une heure, les militaires du contingent, les aides familiaux, les personnes en formation ou en arrêt par exemple maladie, à condition qu'elles gardent un lien avec leur emploi.

Le chômage

L'ANPE fournit le nombre des demandeurs d'emploi en fin de mois, population subdivisée en plusieurs catégories. Produits d'une administration, ces chiffres sont dépendants des conditions dans lesquelles s'exerce l'activité administrative, des règles d'inscription et de radiation à cet organisme et de celles qui régissent l'indemnisation du chômage.

Cette définition diffère de celle des chômeurs dits PSERE (population sans emploi à la recherche d'un emploi), qui doivent satisfaire à trois conditions : être sans travail, être disponibles pour travailler, être à la recherche d'un travail.

Les chômeurs PSERE constituent la base de la définition internationale du BIT selon laquelle une personne est au chômage si elle n'a pas travaillé pendant la semaine de référence (est exclue toute personne qui aurait travaillé plus d'une heure même s'il s'agit d'un emploi occasionnel), si elle est disponible pour travailler dans les quinze prochains jours et si elle effectue des démarches effectives pour trouver un emploi.

À ces chômeurs s'ajoutent les personnes sans travail, qui ont pris des dispositions pour prendre un travail à une date ultérieure à la période de référence.

Soulignons que, dans le cadre international, la définition de l'activité est très large, alors qu'à l'inverse celle du chômage est très restrictive. En outre, la notion de disponibilité est relativement imprécise et celle de recherche effective d'un emploi dépendante des conditions locales ou nationales.

Une nouvelle définition plus restrictive du chômage (2006)

Depuis 2006, l'Insee a adopté une nouvelle définition du chômage au sens du BIT, devenue plus restrictive : le simple renouvellement de l'inscription à l'ANPE n'est plus considéré comme une démarche active de recherche d'emploi et un contact avec un conseiller du service de l'emploi au cours du mois précédent l'enquête Emploi est désormais nécessaire. Cette nouvelle définition aboutit à baisser les taux de chômage. Outre la définition, des modifications du champ de l'enquête ont été apportées : seuls les ménages ordinaires sont pris en compte (excluant les personnes vivant en communauté — foyers, internats, hôpitaux, prisons — ainsi que les sans-abri et les personnes vivant dans des habitations mobiles), en revanche l'enquête est étendue aux départements d'outre-mer. En 2007 a été menée une enquête auprès des personnes dont la réponse à l'enquête Emploi n'a pas été recueillie ni intégrée aux résultats et des modifications ont été apportées aux méthodes de pondération. En 2006, le taux de chômage avant modification atteint (en moyenne) 9,8 %, il passe à 8,8 % pour la France métropolitaine, à 9,2 % pour la France métropolitaine et les départements d'outre-mer.

Source : Merllié [1989] ; Guillemot [1996] ; Définitions et concepts ; enquête Emploi, 1998 ; enquête Emploi en continu, 2006, Insee, Travail-emploi.

À travers ces catégorisations se pose la question de l'inactivité des femmes. En 1998, elles sont près de cinq millions et représentent 85 % des inactifs ni retraités, ni étudiants. Ces inactives constituent-elles une catégorie homogène ? Les formes que revêtent le sous-emploi et le chômage selon le genre interrogent les catégories classiques qui mesurent emploi et chômage, activité et inactivité. Nombre de femmes se déplacent (ou pour partie sont déplacées) du statut de chômeuse vers celui de femme au foyer, alors que les hommes restent chômeurs ou passent à la retraite. Entre le chômage découragé et l'inactivité forcée, où se situent les frontières ? Il est temps de désagréger cette catégorie d'inactives [Maruani, 2002].

Près de six femmes au foyer sur dix déclarent qu'elles souhaiteraient travailler [Niel, 1998]. Une majorité de femmes a le sentiment que seul le fait d'exercer un emploi procure une place dans la société. Comme le souligne également Chantal Nicole-Drancourt [1991], avoir un emploi est le « vecteur principal de la quête identitaire ». Les inactives contraintes, les chômeuses découragées peuvent-elles encore être qualifiées de « femmes au foyer », alors que cette situation a cessé d'être investie de sens et de valeur sociale ?

La progression récente de l'inactivité parmi les jeunes mères de famille constitue un exemple du développement de ces marges mouvantes entre l'inactivité, l'activité précaire et le chômage dans la population féminine : non choisie, l'inactivité résulte du glissement de l'emploi précaire vers le chômage et

Document 3. — **Évolution des taux d'activité des femmes de vingt-cinq à vingt-neuf ans selon leur situation familiale (1982-2002)**

	1982	1987	1992	1996	1998	2002
Ensemble des femmes	71,1	75,7	78,3	77,8	78	79,5
Femmes en couple sans enfant	85,9	88,6	89,2	88,6	88,7	91,5
Femmes en couple, 1 enfant	78,8	80,4	79,6	82,1	82,8	81,6
Femmes en couple, 2 enfants	55,9	58,5	64,8	53,2	47,3	49,8
Dont le plus jeune a moins de trois ans	51,1	55,6	61,7	47,1	40,6	42,3
Femmes en couple, 3 enfants et plus	24,8	22,5	26,2	26,5	24,9	24,5
Dont le plus jeune a moins de trois ans	21,2	19,3	20,4	17,5	19,5	21,3

Source : enquêtes Emploi (calculs effectués par l'auteur).

l'inactivité, se développant à l'ombre de politiques en faveur du retour au foyer.

Une étude menée auprès de jeunes familles de milieux modestes [Battagliola, 1998, 1999] montre comment l'imbrication des modes de gestion de la main-d'œuvre et des politiques incitant les mères à se retirer du marché du travail affecte les itinéraires d'activité des jeunes mères de famille. Dans des secteurs d'emploi où la disponibilité du personnel est particulièrement requise (grande distribution, restauration-hôtellerie notamment), avoir de jeunes enfants devient un handicap. Aussi, les jeunes mères sont, à diplôme égal, particulièrement exposées à des formes précaires d'emploi, au sous-emploi et au chômage. Ces jeunes femmes sont ainsi incitées à se replier sur la sphère domestique à la fois par la possibilité de prendre un congé parental (APE — allocation parentale d'éducation), souvent aussi rémunérateur que leur emploi à temps réduit, et par les pressions des employeurs et de la famille. Chômeuses découragées ou inactives contraintes, elles sont écartées du marché du travail alors même que leur lien à l'emploi demeure vivace et qu'elles n'envisagent nullement leur avenir au foyer.

Des politiques familiales ou des politiques d'emploi ?

L'extension de mesures sociales aux frontières des politiques de l'emploi et des politiques familiales a contribué à moduler les comportements d'activité des femmes. Les mesures relatives à la garde des jeunes enfants apparaissent au cœur des politiques de l'emploi des femmes et contribuent à légitimer la division sociale et sexuelle du travail [Jenson et Sineau, 1998]. Or, depuis les années 1980, coexistent des mesures propres à aider les femmes à poursuivre leur activité en allégeant les frais de garde et des mesures qui, au nom du « libre choix », incitent au contraire les femmes à se retirer du marché du travail pour élever elles-mêmes leurs enfants.

Créée en 1985, l'allocation parentale d'éducation (APE) a été étendue en 1994 aux parents — en pratique aux mères — de deux enfants à condition qu'elles aient totalisé deux ans d'activité au cours des cinq années précédant la naissance. Cette prestation, octroyée sans condition de ressource et non imposable, atteint près de 3 000 francs mensuels en 1997, versée à la mère inactive (ou qui réduit son activité) jusqu'au troisième anniversaire de l'enfant. Elle est cumulable avec d'autres aides aux familles, comme les aides au logement. Pour des femmes payées au salaire minimal, elle devient ainsi très concurrentielle par rapport au salaire. Le nombre des bénéficiaires a augmenté de 75 % en trois ans, atteignant 500 000 personnes en 1997. Cette prestation apparaît alors nettement pour ce qu'elle est : une incitation au retrait des femmes du marché du travail. Pourtant, cet effet incitatif n'est pas dominant : 22 % des femmes auraient été incitées à quitter leur emploi. En revanche, elle constitue une alternative au chômage, permettant de dégonfler les effectifs de chômeuses : un tiers des femmes étaient au chômage lors de leur demande, et le fait d'être au chômage augmente de 30 points la probabilité de recourir à l'APE [Afsa, 1998]. L'APE constitue ainsi une solution aux difficultés d'emploi de jeunes mères de niveau modeste dont les trajectoires sont marquées par le chômage ou la précarité.

Depuis juillet 2004, le complément de « libre choix d'activité » inscrit dans le cadre de la prestation d'accueil du jeune enfant (Paje) a remplacé l'APE avec les mêmes effets : en 2005, les mères de trois enfants vivant avec un jeune enfant (trois ans ou moins) ont 0,3 de chances d'être actives en référence aux mères de deux enfants ayant également un jeune enfant (1), à âge, situation familiale et diplôme donné (recensement, Insee). En revanche, des mesures favorisant l'aide domestique à domicile ont pu faciliter la continuité de l'activité professionnelle de femmes très qualifiées. C'est le cas notamment de l'allocation de garde d'enfants à domicile (AGED, devenu PAJE), qui fait bénéficier les ménages recourant aux services d'une garde à domicile d'une déduction fiscale couvrant une partie des frais de garde. Elle bénéficie aux ménages les plus aisés : 60 % des pères sont cadres ou membres d'une profession libérale, c'est le cas de la moitié des mères. Le système du chèque emploi-service permet aussi d'abaisser le coût des services domestiques.

Les bénéficiaires ont augmenté de près de 70 % entre 1995 et 1996 et de plus de 36 % entre 1996 et 1997, s'élevant cette dernière année à 76 000 personnes. Les utilisateurs des chèques emploi-service ont également augmenté, 400 000 personnes y recourent en 1997 [Cealis et Zilberman, 1998]. Le chèque emploi service universel (CESU) mis en place en 2005 a encore élargi les services et les utilisateurs.

Si ces mesures permettent d'exploiter des gisements d'emplois, ceux-ci viennent essentiellement alimenter les emplois peu qualifiés, à bas salaire et à temps souvent très partiel imposé. En 1998, les femmes à bas salaire (salaire dont le montant est au plus égal aux deux tiers du salaire médian — soit 5 000 francs en 1998) sont domestiques ou femmes de ménage chez des particuliers, employées du nettoyage ou assistantes maternelles et gardes d'enfants ; la majorité travaille à temps partiel et autour de la moitié souhaiterait travailler davantage [Concialdi et Ponthieux, 1999]. Le secteur des services à la personne, élargi à une gamme d'activités plus nombreuses qu'auparavant, mais qui reste dominé par le service ménager, se développe à un rythme accéléré : 60 000 emplois créés chaque année jusqu'en 2004, 130 000 en 2007. Ce secteur en plein développement, apparaissant comme « une réserve de croissance » (selon les propos de la ministre de l'Économie, de l'Industrie et de l'Emploi), fait l'objet de l'attention des pouvoirs publics (aide financière aux utilisateurs et aux employeurs). Malgré les déclarations en faveur d'une professionnalisation de ces « métiers », féminisation continue à y rimer avec temps partiel. Ainsi, avec le sous-emploi, la catégorie des travailleurs pauvres continue à se développer et les clivages sociaux à s'accentuer.

Conclusion

L'histoire du travail des femmes ne peut être lue comme une histoire linéaire. Elle est faite d'avancées et de retours en arrière, de contradictions et d'incohérences. Mais si l'entrée des femmes dans des fonctions jusqu'alors occupées par des hommes s'effectue souvent à la faveur d'une réorganisation du travail et d'une dévalorisation des métiers, même si elles investissent des secteurs traditionnellement féminins, pour autant les femmes ne rejouent pas la même partition. Ces « maternités symboliques », selon le terme de Francine Muel-Dreyfus [1996], que sont l'enseignement, l'assistance sociale ou les soins ne font pas qu'enfermer celles qui les exercent dans des fonctions de toute éternité attribuées aux femmes. Les voies de la professionnalisation des vocations féminines manifestent au contraire des ruptures, qui se produisent souvent pas à pas et dans l'ombre, mais peuvent aussi s'exprimer avec force sur la scène publique, comme la coordination des infirmières [Kergoat *et al.*, 1992]. La professionnalisation des fonctions construites et perçues comme féminines reste encore largement à explorer, de même que les mouvements d'entrée des femmes dans les professions « masculines », et réciproquement des hommes dans les professions « féminines ». Que produisent ces mouvements du point de vue de l'exercice des métiers et de leur définition sociale ? Quelles incidences ont-ils sur les trajectoires des acteurs, hommes et femmes ? Les exemples des femmes entrées dans les professions supérieures sont à cet égard révélateurs. Au sein de la même profession, hommes et femmes n'exercent pas les mêmes fonctions, et ces dernières accèdent rarement aux niveaux les plus élevés, mais les écarts entre les sexes s'atténuent au fil des générations.

Si les femmes ont été longtemps exclues de la sphère politique, leur insertion professionnelle a contribué à leur en entrouvrir les portes. Être active rapproche le comportement politique des femmes de celui des hommes, le monde du travail constituant un lieu d'apprentissage, de socialisation et de légitimation de l'action publique. Plus les femmes sont diplômées, moins leurs opinions, représentations et pratiques se différencient de celles de leurs homologues masculins. Mais, inemployées, leur certification scolaire ne joue pas ce rôle : c'est le fait d'être diplômée et active qui favorise l'insertion politique féminine [Mossuz-Lavau et Sineau, 1983]. Cependant, comme l'ont montré les débats récents sur la parité des hommes et des femmes, les avancées se heurtent à de fortes résistances. Qu'il s'agisse du monde du travail, du domaine de la vie privée ou de la sphère politique, le constat de la réduction des écarts entre hommes et femmes s'accompagne de celui de la persistance de différences jusqu'alors irréductibles. Les différences entre les femmes et les hommes se doublent de clivages sociaux entre femmes. Les femmes totalement inactives sont devenues aujourd'hui marginales, mais une partie du sexe féminin se situe aux marges de l'emploi, exposée au sous-emploi et à la précarité. En revanche, leur titre scolaire permet aux plus diplômées d'accéder aux professions supérieures jusqu'alors monopolisées par les hommes.

Repères bibliographiques

AFSA C., « L'allocation parentale d'éducation : entre politique familiale et politique pour l'emploi », *Insee Première*, n° 569, février 1998.

ALONZO P., « Les rapports au travail et à l'emploi des caissières de la grande distribution. Petites stratégies pour une grande vertu », *Travail et emploi*, n° 76, 1998.

ANGELOFF T., « Des miettes d'emploi : temps partiel et pauvreté », *Travail, genre et sociétés*, n° 1, 1999. — *Le Temps partiel : un marché de dupes* ? La Découverte et Syros, Paris, 2000.

ATTAL-TOUBERT K. et LAVERGNE H., « Premiers résultats de l'enquête sur l'emploi 2005 », *Insee Première*, n° 1070, mars 2006.

AUSLANDER L. et ZANCARINI-FOURNEL M., *Différences des sexes et protection sociale (XIXe-XXe siècle)*, Presses universitaires de Vincennes, Saint-Denis, 1995.

BACHRACH S., « La féminisation des PTT en France au tournant du siècle », *Le Mouvement social*, n° 140, 1987.

BARD C., « L'apôtre social et l'ange du foyer : les femmes et la CFTC à travers le Nord social (1920-1936) », *Le Mouvement social*, n° 165, 1993. — *Les Filles de Marianne. Histoire des féminismes, 1914-1940*, Fayard, Paris, 1995.

BARRÈRE-MAURISSON M.-A., « Du travail des femmes au partage du travail. Une approche des régulations familiales face aux évolutions du travail : le cas de la France depuis 1945 », *Sociologie du travail*, n° 3, 1984.

BATTAGLIOLA F., « Employés et employées. Trajectoires professionnelles et familiales », *Le sexe du travail. Structures familiales et système productif*, PUG, Saint-Martin-d'Hères, 1984. — « Mariage, concubinage et relations entre les sexes. Paris, 1880-1890 », *Genèses*, n° 18, 1995. — *Des débuts difficiles. Itinéraires de jeunes parents de milieu modeste*, CNRS, « Cultures et sociétés urbaines », Paris, 1998. — « Des femmes aux marges de l'activité, au cœur de la flexibilité », *Travail, genre et sociétés*, n° 1, 1999. — « Les modes sexués d'entrée dans la vie adulte », *in* BLÖSS T. (dir.), *La Dialectique des rapports hommes-femmes*, PUF, « Sociologie d'aujourd'hui », Paris 2001.

BATTAGLIOLA F., BARRÈRE-MAURISSON M.-A. et DAUNE-RICHARD A.-M., « Trajectoires professionnelles des femmes et vie familiale », *Consommation*, n° 4, 1983.

BATTAGLIOLA F., BROWN E. et JASPARD M., « Les itinéraires de passage à l'âge adulte. Différences de sexe, différences de classe », *Sociétés contemporaines*, n° 25, 1997.

BATTAGLIOLA F. et JASPARD M., « Séquences de la vie familiale et rapports familiaux », *in* BARRÈRE-MAURISSON M.-A. et PITROU A. (dir.), *Travail et famille : deux temps une vie*, Éditions Candot-Bourgery, Paris, 1990.

BAUDELOT C. et ESTABLET R., « Les filles et les garçons dans la compétition scolaire », *Données sociales*, Insee, 1990.

BERGER I., « Hommes et femmes dans une même profession : instituteurs et institutrices », *Revue française de sociologie*, vol. 1, n° 2, 1960.

BERTINOTTI D., « Carrières féminines et carrières masculines dans l'administration des postes et télégraphes à la fin du XXe siècle », *Annales ESC*, n° 3, 1985.

BOIGEOL A., « Les femmes et les cours. La difficile mise en œuvre de l'égalité des sexes dans l'accès à la magistrature », *Genèses*, n° 22, 1996. — « Les magistrates de l'ordre judiciaire : des femmes d'autorité », *Les Cahiers du MAGE*, n° 1, 1997.

BOLTANSKI L., « La société française et sa jeunesse », *in* DARRAS, *Le Partage des bénéfices*, Minuit, Paris, 1966. — *Les Cadres. La formation d'un groupe social*, Minuit, Paris, 1982.

BOZON T., « The labour market and industrial mobilization, 1915-1917 », *in* WINTER J. et ROBERT J.-L. (dir.), 1997.

BRIAND J.-P. et CHAPOULIE J.-M., *Les Collèges du peuple. L'enseignement primaire supérieur et le développement de la scolarisation prolongée sous la IIIe République*, INRP/CNRS, 1992.

CACOUAULT-BITAUD M., « Prof, c'est bien... pour une femme ? » *Le Mouvement social*, n° 140, 1987. — « Différenciation des carrières entre les hommes et les femmes dans l'enseignement du second degré », *Les Cahiers du Centre fédéral*, FEN/UNSA, 1999. — « Professeur du secondaire : une profession féminine ? Éléments pour une approche sociohistorique », *Genèses*, n° 36, 1999. — « La féminisation d'une profession est-elle le signe d'une baisse de prestige ? » *Travail, genre et sociétés*, n° 5, 2001.

Cahiers de l'APRE, publiés avec le concours du CNRS, de 1985 à 1988.

CAMBOIS M.-A. et LELIÈVRE E., « Durée d'activité et interruption de carrière des femmes âgées de 45 ans à 69 ans en 1981 », *Population*, n° 3, 1988.

CASTEL R., *Les Métamorphoses de la question sociale. Une chronique du salariat*, Fayard, Paris, 1995.

CATTANEO N., « Le travail à temps partiel : entre rêve et cauchemar », *Les Cahiers du MAGE*, n° 3-4, 1995.

CEALIS R. et ZILBERMAN S., « Les emplois familiaux et les organismes de services aux personnes », *Premières Synthèses*, DARES, n° 43.2, 1998.

CHABAUD D., « Problématiques de sexes dans les recherches sur le travail et la famille », *Sociologie du travail*, n° 3, 1984.

CHABAUD-RICHTER D., FOUGEYROLLAS-SCHWEBEL D. et SONTHONNAX F., *Espace et temps du travail domestique*, La Librairie de Méridiens, Paris, 1985.

CHADEAU A. et FOUQUET A., « Peut-on mesurer le travail domestique ? » *Économie et Statistique*, n° 136, 1981.

CLARK L., *Schooling the Daughters of Marianne. Textbooks and the Socialization of Girls in Modern French Primary Schools*, State University of New York Press, Albany, 1984. — « Bringing feminine qualities, into the public sphere. The Third Republique' appointement of women inspectors ? » *in* ACCAMPO E.A., FUCHS G.R. et STEWART M.L. (dir.), *Gender and the Politics of Social Reform in France, 1870-1914*, The Johns Hopkins University Press, Baltimore, 1995. — *The Rise of Professional Women in France. Gender and Public Administration since 1830*, Cambridge University Press, Cambridge, 2000.

COFFIN J. *The Politics of Women's Work : The Paris Garment Trade 1750-1915*, Princeton University Press, Princeton, 1996.

COLLIN J., « Les femmes dans la profession pharmaceutique au Québec : rupture ou continuité ? » *Recherches féministes*, vol. 5, n° 2, 1992.

COMMAILLE J., *Les Stratégies des femmes. Travail, famille et politique*, La Découverte, Paris, 1993.

CONCIALDI P. et PONTHIEUX S., « L'emploi à bas salaire : les femmes d'abord », *Travail, genre et sociétés*, n° 1, 1999.

CORDELIER S., *Femmes au travail. Étude pratique sur dix-sept carrières féminines*, Plon, Paris, 1935.

COUPPIÉ T., « Insertion professionnelle des garçons et des filles : le diplôme réducteur d'inégalité », *in* CEREQ, *Femmes sur le marché du travail. L'autre relation formation-emploi*, CEREQ, Marseille, 1997.

COURSON J.-P. et SABOULIN M. DE, « Ménages et familles : vers de nouveaux modes de vie », *Économie et Statistique*, n° 175, 1985.

COVA A., *Maternité et droits des femmes en France (XIXe-XXe siècle)*, Anthropos, Paris, 1997.

DARIC J. *L'Activité professionnelle des femmes en France*, PUF/INED, « Travaux et documents », n° 5, Paris, 1947.

DAUNE-RICHARD A.M., « Hommes et femmes devant le travail et l'emploi », *in* BLÖSS T. (dir.), *La Dialectique des rapports hommes-femmes*, PUF, « Sociologie d'aujourd'hui », Paris, 2001.

DESPLANQUES G., *Cycle de vie et milieu social*, Les Collections de l'Insee, D117, 1987.

DESPLANQUES G., RATON I. et THAVE S., « L'activité féminine », *Insee Résultats*, n° 118, 1991.

DESROSIÈRES A., « Éléments pour l'histoire des nomenclatures socioprofessionnelles », *Pour une histoire de la statistique*, vol. 1, Insee, 1977. — « Séries longues et conventions d'équivalences », *Genèses*, n° 9, 1992.

DESROSIÈRES A. et THÉVENOT L., *Les Catégories socioprofessionnelles*, La

Découverte, « Repères », Paris, 1996 (5e édition 2002).

DEVILLE J.-C., « Activité féminine et fécondité », *Économie et Statistique*, n° 93, 1977.

DEWERPE A., *Le Monde du travail en France 1800-1950*, Armand Colin, Paris, 1989.

DIEBOLT E., « Travail social, histoire éducative : vocation féminine et reconnaissance professionnelle », *Sociétés et représentations*, décembre 1997.

DOWNS L., « Salaires et valeur du travail. L'entrée des femmes dans les industries mécaniques sous le sceau de l'inégalité en France et en Grande-Bretagne (1914-1920) », *Travail, genre et sociétés*, n° 15, 2006.

DUBESSET M., THÉBAUD F. et VINCENT C., « Les munitionnettes de la Seine », *in* FRIDENSON P. (dir.) « 1914-1918 : l'autre front », *Cahiers du mouvement social*, n° 2, 1977.

DUBESSET M. et ZANCARINI-FOURNEL M., *Parcours de femmes. Réalités et représentations. Saint-Étienne 1880-1950*, Presses universitaires de Lyon, Lyon, 1993.

DUBY G. et PERROT M., *Histoire des femmes en Occident*, Plon, Paris, 1991, 1992.

DUFRANCATEL C., « La femme imaginaire des hommes. Politique, idéologie et imaginaire dans le mouvement ouvrier », *in* COLLECTIF, *L'Histoire sans qualité*, Galilée, Paris, 1979.

DU LAC S., *Le Fil de l'aiguille*, L'Action populaire, Lille, 1910.

DU MAROUSSEM P., *La Petite Industrie. Salaires et durée du travail. Le vêtement à Paris*, Office du travail, ministère du Commerce, de l'Industrie et des Colonies, Imprimerie nationale, Paris, 1896.

ECK H., « Les Françaises sous Vichy. Femmes du désastre, citoyennes par le désastre ? » *in* THÉBAUD F. (dir.), *Histoire des femmes, le XXe siècle*, Plon, Paris, 1992.

ERBÈS-SEGUIN S., *La Sociologie du travail*, La Découverte, « Repères », Paris, 1999 (2e édition 2004).

FARGE A., « Pratiques et effets de l'histoire des femmes », *in* PERROT M. (dir.), *Une histoire des femmes est-elle possible ?* Rivages, Paris, 1984. — *La Vie fragile. Violences, pouvoirs et solidarités à Paris au XVIIIe siècle*, Hachette, Paris, 1986.

FARGE A. et KLAPISCH-ZUBER C. (dir.), *Madame ou mademoiselle ? Itinéraires de la solitude féminine XVIIIe-XXe siècle*, Arthaud-Montalba, Paris, 1984.

FERRAND M., « Paternité et vie professionnelle », *Le Sexe du travail*, PUG, Saint-Martin-d'Hères, 1984. — Présentation du dossier « Femmes au travail, l'introuvable égalité », *Sociétés contemporaines*, n° 16, 1993.

FERRAND M., IMBERT F. et MARRY C., « Femmes et science. Une équation improbable ? L'exemple des normaliennes scientifiques et des polytechniciennes », *Formation et emploi*, n° 55, 1996. — *L'Excellence scolaire : une affaire de famille, le cas des normaliennes et normaliens scientifiques*, L'Harmattan, Paris, 1999.

FOURCAUT A., *Femmes à l'usine en France pendant l'entre-deux-guerres*, Maspero, Paris, 1982.

FOURNIER C. « Femmes des années 1990 : diplôme, activité et emploi », *in* CEREQ, *Femmes sur le marché du travail. L'autre relation formation-emploi*, CEREQ, Marseille, 1997.

Frader L., « La division sexuelle du travail à la lumière des recherches historiques », *Les Cahiers du MAGE*, n° 3-4, 1995. — « Femmes, genre et mouvement ouvrier en France aux XIXe et XXe siècles : bilan et perspectives de recherche », *Clio. Histoire, femmes et sociétés*, n° 3, 1996. — « Définir le droit au travail : rapports sociaux de sexe, famille et salaire en France aux XIXe et XXe siècles », *Le Mouvement social*, n° 184, 1998. — « From muscles to nerves : gendered and racialized bodies in the science of work in France, 1919-1939 », *International Review of Social History*, vol. 44, 1999.

Frader L. et Rose S., *Gender and Class in Modern Europe*, Cornell University, Ithaca, 1996. — « Gender and the reconstruction of European working-class history », *in* Frader L. et Rose S. (dir.), 1996.

Fraisse G., *Femmes toutes mains. Essai sur le service domestique*, Seuil, Paris, 1979.

Gadéa C. et Marry C., « Les pères qui gagnent », *Travail, genre et sociétés*, n° 3, 2000.

Garden M., *Lyon et les Lyonnais au XVIIIe siècle*, Flammarion, Paris, 1975.

Gardey D., *Un monde en mutation, les employés de bureau en France (1890-1930), féminisation, mécanisation, rationalisation*, thèse de doctorat, université Paris-VII, 1995a. — « Sténodactylographe : de la naissance d'une profession à sa féminisation, 1883-1930 », *Les Cahiers du MAGE*, n° 1, 1995b. — *La Dactylographe et l'expéditionnaire. Histoire des employés de bureau 1890-1930*, Belin, « Histoire et société », Paris, 2001.

Gauvin A., « Le surchômage féminin à la lumière des comparaisons internationales : chômage, sous-emploi et inactivité », *Les Cahiers du MAGE*, n° 3-4, 1995.

Guerrand R.-H. et Rupp M.-A., *Brève Histoire du travail social en France, 1896-1976*, Privat, Toulouse, 1978.

Guilbert M., *Les Fonctions des femmes dans l'industrie*, Mouton, Paris, 1966a. — *Les Femmes et l'organisation syndicale*, Éditions du CNRS, Paris, 1966b. — Propos recueillis par Maruani M. et Rogerat C., *Travail, genre et sociétés*, n° 1, 1999.

Guilbert M., Lowit N. et Zylberberg-Hoquart M.-H., *Travail et condition féminine (bibliographie commentée)*, CNRS/Éditions de la Courtille, Paris, 1977.

Guillaume C. et Pochic S., « La fabrication organisationnelle des dirigeants. Un regard sur le plafond de verre », *Travail, genre et sociétés*, n° 17, 2007.

Guillemot D., « La population active : une catégorie statistique difficile à cerner », *Économie et Statistique*, n° 300, 1996.

Halbwachs M., « La nuptialité en France pendant et depuis la guerre », *Annales sociologiques*, fascicule 1, 1935 ; réédition : Karady V., « Présentation », *Classes sociales et morphologie*, Minuit, Paris, 1972.

Harden-Chenut H., « The gendering of skill as historical process : the case of French knitters in industrial Troyes, 1880-1939 », *in* Frader L. et Rose S., 1996.

HARTMANN H., « Capitalism, patriarchy, and job segregation by sex », *Sings*, vol. 1, n° 3, 1976.

HENRI L., « Perturbations de la nuptialité résultant de la guerre 1914-1918 », *Population*, n° 2, 1966.

HUET M., « Emploi et activité entre 1968 et 1975 », *Économie et Statistique*, n° 94, 1977. — « La progression de l'activité féminine est-elle irréversible ? », *Économie et Statistique*, n° 145, 1982.

HUFTON O., « Le travail et la famille », *in* DAVIS Z.N. et FARGE A. (dir.), *Histoire des femmes, XVIe-XVIIIe siècle*, Plon, Paris, 1992.

JACQUET-FRANCILLON F., KERROUBI M. et CACOUAULT M., *Une affaire de femmes ? La féminisation du corps enseignant racontée par la photo de classe, 1890-1990*, INRP/Hachette éducation, Paris, 1994.

JENSON J. et SINEAU M., *Qui doit garder le jeune enfant ? Modes d'accueil et travail des mères dans l'Europe en crise*, LGDJ, « Droit et société », Paris, 1998.

KASPARIAN R., « L'analyse longitudinale de la population active : une typologie des profils de carrière des générations françaises de 1911 à 1935 », *Population*, n° 3, 1993.

KERGOAT D., « Ouvriers = ouvrières ? Propositions pour une articulation théorique de deux variables : sexe et classe sociale », *Critique de l'économie politique*, nouvelle série, n° 5, 1978. — *Les Ouvrières*, Le Sycomore, Paris, 1982.

KERGOAT D. *et al.*, *Les Infirmières et leur coordination*, Lamarre, Paris, 1992.

KESSLER D. et MASSON A. (dir.), *Cycles de vie et génération*, Economica, Paris, 1985.

KLEJMAN L. et ROCHEFORT F., *L'Égalité en marche. Le féminisme sous la IIIe République*, Presses de la Fondation nationale des sciences politiques, Paris, 1989.

KNIBIELHER Y. et FOUQUET C., *Histoire des mères*, Montalba, Lausanne, 1977.

LABOURIE-RACAPÉ A., LETABLIER M.-T. et VASSEUR A.-M., *L'Activité féminine. Enquête sur la discontinuité de la vie professionnelle*, PUF, Paris, 1977.

LAUFER J., *La Féminité neutralisée ? Les femmes cadres dans l'entreprise*, Flammarion, Paris, 1982.

LEFAUCHEUR N., « L'article 9 de la loi de 1892 et la question de l'assistance aux femmes en couches », *in* AUSLANDER L. et ZANCARINI-FOURNEL M., 1995.

LE FEUVRE N. et WALTERS P., « Égales en droit ? La féminisation des professions juridiques en France et en Grande-Bretagne », *Sociétés contemporaines*, n° 16, 1993.

LELIÈVRE F. et LELIÈVRE C., *Histoire de la scolarisation des filles*, Nathan, Paris, 1991.

LENOIR R., « L'effondrement des bases sociales du familialisme », *Actes de la recherche en sciences sociales*, n° 57-58, 1985a. — « Transformations du familialisme et reconversions morales », *Actes de la recherche en sciences sociales*, n° 59, 1985b.

LEQUIN Y., « Le renouvellement des classes moyennes », *in* DUBY G.-D. (dir.), *Histoire de la France urbaine*, t. 4, Seuil, Paris, 1983.

LEROUX-HUGON V., « L'infirmière au début du XXe siècle : nouveau métier et tâches traditionnelles », *Le Mouvement social*, n° 140, 1987.

LÉVY M.-L., « Spécificité de la démographie : l'analyse longitudinale », *Population et sociétés*, n° 284, 1993.

LOUIS M.-V., *Le Droit de cuissage. France, 1860-1930*, Les Éditions de l'Atelier, Paris, 1994.

LUCIANI J. et SALAIS R., « Matériaux pour la naissance d'une institution : l'Office du travail (1890-1900) », *Genèses*, n° 2, 1990.

MAC BRIDE T., *The Domestic Revolution. The Modernisation of Household Service in England and France*, Croom Helm, Londres, 1976.

MAGRI S., « Housing », *in* WINTER J. et ROBERT J.-L. (dir.), 1997.

MARCHAND O., MINNI C. et THÉLOT C., « La durée d'une vie de travail, une question de génération ? », *Premières Synthèses*, n° 50-2, 1998.

MARCHAND O. et THÉLOT C., *Deux Siècles de travail en France*, Insee Études, 1991, réédition : *Le Travail en France. 1800-2000*, Nathan, Paris, 1997.

MARÉCHAL M., « Cycle de vie et milieu social selon l'enquête Famille de 1990 », *Insee Résultats*, n° 580-581, 1997.

MARPSAT M., « La statistique des chômeurs secourus en France de 1931 à 1939 », *Actes de la journée d'étude « Sociologie et statistique »*, t. 2, Insee, Société française de sociologie, 1982. — « Chômage et profession dans les années trente », *Économie et Statistique*, n° 170, 1984.

MARRY C., « Femmes ingénieurs : une (ir)résistible ascension ? » *Informations sur les sciences sociales*, vol. 2, n° 28, juin 1989. — « Femme et ingénieur : la fin d'une incompatibilité ? » *La Recherche*, n° 241, 1992. — « Deux générations de femmes ingénieurs issues des écoles d'électricité », *Bulletin d'histoire de l'électricité*, n° 19-20, 2004. — *Les Femmes ingénieurs. Une révolution respectueuse*, Belin, Paris, 2004.

MARTIN J., « Politique familiale et travail des femmes mariées en France. Perspective historique : 1942-1982 », *Population*, n° 6, 1998.

MARTIN M., « Ménagère : une profession ? Les dilemnes de l'entre-deux-guerres », *Le Mouvement social*, n° 140, 1987.

MARTIN-FUGIER A., « La fin des nourrices », *Le Mouvement social*, n° 105, 1978. — *La Place des bonnes. La domesticité féminine à Paris en 1900*, Grasset, Paris, 1979.

MARUANI M., « L'emploi féminin à l'ombre du chômage », *Actes de la recherche en sciences sociales*, n° 115, 1996. — (dir.), *Les Nouvelles Frontières de l'inégalité. Hommes et femmes sur le marché du travail*, La Découverte/Mage, « Recherches », 1998. — *Les Mécomptes du chômage*, Bayard, Paris, 2002. — *Travail et emploi des femmes*, La Découverte, « Repères », Paris, 2003 (3e édition 2006).

MARUANI M. et NICOLE C., *Au labeur des dames, métiers masculins, emplois féminins*, Syros/Alternatives, Paris, 1989.

MARUANI M. et REYNAUD E., *Sociologie de l'emploi*, La Découverte, « Repères », Paris, 1993, 4e édition 2004.

MAUVEZIN L., *Rose des activités féminines. Pour l'orientation professionnelle des jeunes filles*, Éditions La Rose, Bordeaux, 1925.

MAYEUR F., *L'Enseignement secondaire des jeunes filles sous la*

IIIe République, Presses de la Fondation nationale des sciences politiques, Paris, 1977.

MERLLIÉ D., « La construction statistique », *in* CHAMPAGNE P. *et al.*, *Initiation à la pratique sociologique*, Dunod, Paris, 1989.

MERLLIÉ D. et PRÉVOT J., *La Mobilité sociale*, La Découverte, « Repères », Paris, 1997.

MEULDERS D., « Temps partiel, flexibilité et partage du travail en Europe », *Les Cahiers du MAGE*, n° 2, 1995.

MICHAL M.-G., *L'Emploi féminin en 1968*, Les Collections de l'Insee, D 25, 1973.

MINISTÈRE DE L'ÉDUCATION NATIONALE, *Repères, Références statistiques sur les enseignements et la formation*, 1998.

MOSSUZ-LAVAU J. et SINEAU M., *Enquête sur les femmes et la politique en France*, PUF, Paris, 1983.

MOTTE C. et PELISSIER J.-P., « La binette, l'aiguille et le plumeau. Les mondes du travail féminin », *in* DUPÂQUIER J. et KESSLER D., *La Société française au XIXe siècle. Tradition, transition, transformation*, Fayard, Paris, 1992.

Mouvement social (Le), n° 140, 1987, « Métiers de femmes ».

MUEL-DREYFUS F., *Vichy et l'éternel féminin*, Seuil, Paris, 1996.

NEVEU E., « Le genre du journalisme. Des ambivalence de la féminisation d'une profession », *Politix*, vol. 13, n° 51, 2000.

NICOLE-DRANCOURT C., « Organisation du travail et flexibilité de l'emploi », *Sociologie du travail*, n° 2, 1990. — *Le Labyrinthe de l'insertion*, La Documentation française, « Document travail-emploi », Paris, 1991.

NIEL X., « Six femmes au foyer sur dix aimeraient travailler », *Premières Synthèses*, n° 09.1, 1998.

NOIRIEL G., *Les Ouvriers dans la société française*, Seuil, « Points Histoire », Paris, 1986.

OMNÈS C., *Ouvrières parisiennes. Marchés du travail et trajectoires professionnelles au XXe siècle*, Éditions de l'EHESS, Paris, 1997.

« Pénélope. Pour l'histoire des femmes », *Femmes au bureau*, n° 10, 1984.

PASCAUD F., *L'Équipement des ménages*, Les Collections de l'Insee, M37, 1974.

PERROT M., « L'éloge de la ménagère dans le discours des ouvriers français au XIXe siècle », *Romantisme*, n° 13-14, 1976. — « De la nourrice à l'employée. Travaux de femmes dans la France du XIXe siècle », *Le Mouvement social*, n° 105, 1978. — « La femme populaire rebelle », *in* COLLECTIF, *L'Histoire sans qualité*, Galilée, Paris, 1979.

PEZERAT P. et POUBLAN D., « Femmes sans mari. Les employées des postes », *in* FARGE A. et KLAPISCH-ZUBER C., 1984.

PINTO J., « De la sténodactylo à la secrétaire : la transformation des représentations sociales de la femme dans les emplois de bureau », *Pénélope*, 1984. — « Le secrétariat, un métier très féminin », *Le Mouvement social*, n° 140, 1987. — « Une relation enchantée », *Actes de la recherche en sciences sociales*, n° 84, 1990.

PITROU A. *et al.*, « La continuité de l'activité professionnelle : trajectoires d'employées du secteur tertiaire », *Sociologie du travail*, n° 3, 1984.

PROST A., *Histoire de l'enseignement en France 1800-1967*, Armand Colin, Paris, 1968. — « Mariage, jeunesse et société à Orléans en 1911 », *Annales ESC*, n° 4, 1981.

RATER-GARCETTE C., *La Professionnalisation du travail social. Action sociale, syndicalisme, formation, 1880-1920*, L'Harmattan, Paris, 1996.

REBÉRIOUX M., DUFRANCATEL C. et SLAMA B., « Hubertine Auclert et la question des femmes à l'"immortel congrès" (1879) », *Romantisme*, n° 13-14, 1976.

RHEIN C., *Jeunes Femmes au travail dans le Paris de l'entre-deux-guerres*, thèse de doctorat de troisième cycle, université Paris-VII, 1977.

ROBERT J.-L., « La CGT et la famille ouvrière, 1914-1918. Première approche », *Le Mouvement social*, n° 116, 1981. — *Ouvriers et mouvement ouvrier parisiens pendant la Grande Guerre et l'immédiat après-guerre : histoire et anthropologie*, thèse de doctorat d'État, université Paris-I, 1989.

SCHWEITZER S., *Les Femmes ont toujours travaillé. Une histoire du travail des femmes aux XIXe et XXe siècles*, Odile Jacob, Paris, 2002.

SCOTT J., « Gender : a useful category of historical analysis », *The American Historical Review*, décembre 1986. — « La travailleuse », *in* FRAISSE G. et PERROT M. (dir.), *Histoire des femmes, le XIXe siècle*, Plon, Paris, 1991.

SEILHAC L. DE, *L'Industrie de la couture et de la confection à Paris*, Firmin-Didot, Paris, 1897.

SÉNOTIER D., « Cent ans d'évolution de la profession », *in* KERGOAT D. *et al.*, 1992.

SEWEL W.H. *Structure and Mobility. The Men and Women of Marseille. 1820-1870*, Cambridge University Press/Éd. de la MSH, New York/Paris, 1985.

Sexe du travail, structures familiales et système productif (Le), PUG, Saint-Martin-d'Hères, 1984.

SIMON J., *L'Ouvrière*, Hachette, Paris, 1861.

SINGLY F. DE, *Fortune et infortune de la femme mariée*, PUF, Paris, 1987.

SOHN A.-M., *Chrysalides. Femmes dans la vie privée, XIXe-XXe siècle*, Publications de la Sorbonne, Paris, 1996.

SORNAGA A., « Autour des débuts de la dactylographie, les femmes et la machine à écrire », *Pénélope*, 1984.

Statistique générale de la France (SGF), « Résultats des dénombrements de la population de 1851, 1856, 1861, 1866, 1872, 1881, 1896 ».

STEWART M.L., *Women, Work and the French State. Labour Protection and Social Patriarchy. 1879-1919*, McGill University Press, Kingston, 1989. — « Setting the standarts. Labour and family reformers », *in* ACCAMPO E.A., FUCHS G.R. et STEWART M.L. (dir.), *Gender and the Politics of Social Reform in France, 1870-1914*, The Johns Hopkins University Press, Baltimore, 1995.

SULLEROT E., *Histoire et sociologie du travail féminin*, Gonthier, Paris, 1968.

TERRAIL J.-P., « Destins scolaires de sexe : une perspective historique et quelques arguments », *Population*, n° 3, 1992.

THÉBAUD F. « La Grande Guerre. Le triomphe de la division sexuelle », *in* THÉBAUD F. (dir.), *Histoire des femmes, le XXe siècle*, Plon, Paris, 1992. — *Écrire l'histoire des femmes*, ENS Éditions, Paris, 1998.

THOMPSON E.P., *The Making of the English Working-class*, Pantheon Books, New York, 1963 ; trad. franç. *La Formation de la classe ouvrière anglaise*, EHESS, Paris, 1988.

THUILLIER G., *Les Femmes dans l'administration depuis 1900*, PUF, Paris, 1988.

TILLY L. et SCOTT J., *Women, Work and Family*, Holt, Rinehart and Winston, New York, 1978 ; trad. franç. *Les Femmes, le travail et la famille*, Rivages, « Histoire », Paris, 1987.

TOPALOV C., « Réalistes, nominalistes et conventions statistiques », *Genèses*, n° 9, 1992. — *Naissance du chômeur. 1880-1910*, Albin Michel, Paris, 1994. — « L'individu comme convention. Le cas des statistiques professionnelles du XIXe siècle en France, en Grande-Bretagne et aux États-Unis », *Genèses*, n° 31, 1998. — « Une révolution dans les représentations du travail. L'émergence de la catégorie statistique de "population active" au XIXe siècle en France, en Grande-Bretagne et aux États-Unis », *Revue française de sociologie*, vol. XL, n° 3, 1999.

TRUANT C., « La maîtrise d'une identité ? Corporations féminines à Paris aux XVIIe et XVIIIe siècles », *Clio. Histoire, femmes et sociétés*, n° 3, 1996.

VANOLI D., « Les ouvrières enfermées : les couvents soyeux », *Les Révoltes logiques*, n° 2, 1976.

VEBLEN T., *The Theory of the Leisure Class*, The Macmillan Compagny, 1899 ; trad. franç. *Théorie de la classe de loisir*, Gallimard, Paris, 1970.

VERLEY P., *L'Industrialisation (1830-1914)*, La Découverte, « Repères », Paris, 1995.

VERRET M. (avec la coll. de CREUSEN J.), *L'Ouvrier français. L'espace ouvrier*, Armand Colin, Paris, 1979.

VILLERMÉ H. (1840), *Tableau de l'état physique et moral des ouvriers employés dans les manufactures de coton, de laine et de soie*, Renouard ; réédition Edhis, 1989.

WINTER J. et ROBERT J.-L. (dir.), *Capital Cities at War, Paris, London, Berlin*, Cambridge University Press, New York, 1997.

ZANCARINI-FOURNEL M., « Archéologie de la loi de 1892 en France », *in* AUSLANDER L. *et al.*, 1995.

ZERNER S., *Travail domestique et force de travail. Ouvrières et employées entre la Première Guerre et la grande crise*, thèse de doctorat, université Paris-X, 1985. — « De la couture aux presses : l'emploi féminin entre les deux guerres », *Le Mouvement social*, n° 140, 1987.

ZYLBERBERG-HOCQUARD M.-H., *Féminisme et syndicalisme en France*, Anthropos, Paris, 1978.

Table des matières

Collection

R E P È R E S

créée par
Michel Freyssenet et Olivier Pastré (en 1983),
dirigée par
Jean-Paul Piriou (de 1987 à 2004), *puis par* Pascal Combemale,
avec Stéphane Beaud, André Cartapanis, Bernard Colasse, Françoise Dreyfus, Claire Lemercier, Yannick L'Horty, Philippe Lorino, Dominique Merllié, Michel Rainelli, Philippe Riutort et Claire Zalc.

Le catalogue complet de la collection « Repères » est disponible sur notre site **http://www.collectionreperes.com**

GRANDS REPÈRES

Classiques

R E P È R E S

La formation du couple. *Textes essentiels pour la sociologie de la famille*, Michel Bozon et François Héran.

Invitation à la sociologie, Peter L. Berger.

Un sociologue à l'usine. *Textes essentiels pour la sociologie du travail*, Donald Roy.

Dictionnaires

R E P È R E S

Dictionnaire de gestion, Élie Cohen.

Dictionnaire d'analyse économique, *microéconomie, macroéconomie, théorie des jeux, etc.*, Bernard Guerrien.

Lexique de sciences économiques et sociales, Denis Clerc et Jean-Paul Piriou.

Guides

R E P È R E S

L'art de la thèse. *Comment préparer et rédiger un mémoire de master, une thèse de doctorat ou tout autre travail universitaire à l'ère du Net*, Michel Beaud.

Comment parler de la société. *Artistes, écrivains, chercheurs et représentations sociales*, Howard S. Becker.

Comment se fait l'histoire. *Pratiques et enjeux*, François Cadiou, Clarisse Coulomb, Anne Lemonde et Yves Santamaria.

La comparaison dans les sciences sociales. *Pratiques et méthodes*, Cécile Vigour.

Enquêter sur le travail. *Concepts, méthodes, récits*, Christelle Avril, Marie Cartier et Delphine Serre.

Faire de la sociologie. *Les grandes enquêtes françaises depuis 1945*, Philippe Masson.

Les ficelles du métier. *Comment conduire sa recherche en sciences sociales*, Howard S. Becker.

Le goût de l'observation. *Comprendre et pratiquer l'observation participante en sciences sociales*, Jean Peneff.

Guide de l'enquête de terrain, Stéphane Beaud et Florence Weber.

Guide des méthodes de l'archéologie, Jean-Paul Demoule, François Giligny, Anne Lehoërff et Alain Schnapp.

Guide du stage en entreprise, Michel Villette.

Manuel de journalisme. *Écrire pour le journal*, Yves Agnès.

Voir, comprendre, analyser les images, Laurent Gervereau.

Manuels

R E P È R E S

Analyse macroéconomique 1.

Analyse macroéconomique 2. 17 auteurs sous la direction de Jean-Olivier Hairault.

Consommation et modes de vie en France. *Une approche économique et sociologique sur un demi-siècle*, Nicolas Herpin et Daniel Verger.

Déchiffrer la société française, Louis Maurin.

Déchiffrer l'économie, Denis Clerc.

L'explosion de la communication. *Introduction aux théories et aux pratiques de la communication*, Philippe Breton et Serge Proulx.

Une histoire de la comptabilité nationale, André Vanoli.

Histoire de la psychologie en France. XIXe-XXe siècles, Jacqueline Carroy, Annick Ohayon et Régine Plas.

Macroéconomie financière, Michel Aglietta.

La mondialisation de l'économie. *Genèse et problèmes*, Jacques Adda.

La théorie économique néoclassique. *Microéconomie, macroéconomie et théorie des jeux*, Emmanuelle Bénicourt et Bernard Guerrien.